현대인들은 어떻게 공부해야 하는가

현대인들은 어떻게 공부해야 하는가

초판 1쇄 발행 2016년 02월 17일

지은이 노규식

펴낸이 손은주 **편집주간** 이선화 **마케팅** 권순민
경영자문 권미숙 **디자인** Erin

주소 서울시 마포구 공덕동 105-74 서부법조빌딩 6층
문의전화 070-8835-1021(편집) **주문전화** 02-394-1027(마케팅)
팩스 02-394-1023
이메일 bookaltus@hanmail.net

발행처 (주) 도서출판 알투스
출판신고 2011년 10월 19일 제25100-2011-300호

ⓒ 노규식 2016
ISBN 979-11-86116-09-8 03320

이 도서의 국립중앙도서관 출판시 도서목록(CIP)은 서지정보유통지원시스템 홈페이지
(http://seoji.nl.go.kr)와 국가자료공동목록시스템(http://www.nl.go.kr/kolisnet)에서 이용하
실 수 있습니다.(CIP제어번호: CIP2016002093)

위 대 한　인 문 과 학 자 들 의　공 부 법 을　통 해　본

현대인들은 어떻게 공부해야 하는가

노규식 지음

알투스

현대 사회에서는 자신에게 맞는 공부법을 찾아내
계속 공부해나가는 사람만이
더 나은 미래를 꿈꿀 수 있다

오랜만에 고등학교 동창들을 만난 자리였다. 그동안 다들 먹고사느
라 바쁜 나날을 보내다 보니 한동안 연락이 뜸했던 친구들도 많았
다. 못 보던 사이에 서로의 삶도 많이 달라져 있었지만 엊그제 만난
사이마냥 흉금을 터놓고 이런저런 이야기를 나누었다.

술자리가 길어지면서 우리의 대화는 아이들 공부와 진학 이야기
로 흘러갔다. 그런데 한 친구가 "요즘은 우리 아들 인생보다 내 인
생이 더 큰 고민이다"라고 말하는 게 아닌가. 대기업 부장으로, 임
원 승진을 앞두고 있는 친구라 그날 우리끼리는 농담 삼아 '김 이
사'라고 불렀다.

그런데 그 친구는 하루하루가 살얼음판 같다고 했다. 회사에서
는 날마다 '혁신'을 외치는데 자신은 혁신은 고사하고 '개선'도 만

만치 않다는 것이다. 그리고 전혀 예상치 못한 곳에서 돌발상황이 발생해 어떻게 수습해야 할지 곤혹스러울 때가 한두 번이 아니라고 했다. 게다가 언제 '잘릴지' 모르니 앞으로 20년을 뭘 하며 살아야 할지 고민이라고 털어놓았다.

그날 모인 친구들 대부분이 똑같은 불안감을 느끼고 있었다. 요즘은 전문직 종사자라고 해도 별반 다르지 않다. 강남 8학군의 열성 부모 밑에서 자라 소위 명문대를 졸업하고 내로라하는 직업을 가진 중년 남성들이 대학 입시를 앞둔 수험생이나 사회 초년생이나 느낄 법한 막연한 불안을 호소했다.

서울대학교에서 성적을 잘 받는 방법에 대한 기사를 본 적이 있다. 학생 유형별로 보면, 가장 안 좋은 성적을 받는 학생은 교수님의 강의를 자신의 논리를 반영해 나름대로 정리해서 필기하는 학생이라고 한다. 반면 점수를 잘 받는 학생은 교수님의 말씀을 토씨한 글자 안 틀리게 그대로 받아적은 후 외워서 시험 본 학생이라는

것이다. 중고교 시절에는 입시 때문에 어쩔 수 없다고 해도, 대학교
에서조차 자신의 생각을 정리할 기회마저 빼앗기고 있는 것 같아
씁쓸했다.

　이런 식의 대학 교육을 받은 이들이 대기업, 주요 공직, 전문직
에 진출한다. 하지만 이제는 그 어느 곳에서도 '안정적인 삶'을 기
대할 수 없다. 깊은 불황의 늪에서는 굴지의 기업도 입사 2년차 신
입 직원에게 희망퇴직을 권고한다.

　초등학교 때부터 부모님과 선생님이 하라는 공부를 죽어라 했
고, 대학에서도 학점과 스펙을 쌓기 위해 안간힘을 썼지만, 오늘날
우리 사회에서는 청년뿐 아니라 중장년 모두 '평생직장'을 가질 수
없게 되었다. 무엇보다 학교에서 공부한 것은 '험난한 세상에 맞설
수 있는 능력'이 아니었다.

　학습클리닉을 운영하면서 많은 학생과 직장인을 만나왔다. 그들
은 모두 학습에 어려움을 겪고 있었다. 수험생은 하루종일 공부를

해도 성적이 오르지 않는다고 하소연한다. 직장인들도 다르지 않다. 몇 년을 외국어 공부에 바쳐도 바이어의 말이 들리지 않고, 업무 관련 책을 아무리 읽어도 새로운 프로젝트를 맡을 때마다 어디서부터 어떻게 해나가야 할지 두려움이 앞선다는 것이다.

나는 이들에게 당장의 문제를 해결하는 방법이 아닌 '진짜 공부란 무엇인가'를 알려주고 싶었다. 이제 더 이상 공부는 학교에서 배우고 익히는 것만이 전부가 아니다. 앞으로의 공부는 문제를 해결해내는 능력, 끊임없이 새로운 것을 배울 수 있는 능력을 기르는 것이다. 그리고 이 공부를 잘해내기 위해서는 먼저 자신에게 맞는 공부법을 찾아내야 한다.

10년 넘게 학습클리닉을 운영하고 있는 나 역시 공부법에 대해 부단히 공부하고 있다. 다양한 뇌과학적 자료를 찾아보고 10여 년의 임상 결과를 분석하는 과정에서 전두엽 실행 기능을 바탕으로 한 공부법을 알게 되었다. 그리고 그중 '메타인지' 공부법에 다시 주목하게 되었다. 이는 자신이 아는 것과 모르는 것을 스스로 파악하는 능력을 말한다. 즉, 자신의 사고 능력을 정확히 인식하는 능력이다. 이 공부법이 현대인들에게 중요한 이유는 '잘 모르는 부분'을 파악하고, 그것을 보완하기 위한 구체적인 계획을 세우고, 스스로 평가하는 능력을 키워주기 때문이다. 이는 정보가 넘쳐흐르는 현대 사회를 살아가는 우리에게 꼭 필요한 능력이다.

이때 만난 것이 정약용의 '격물치지'다. '깊이 연구하고' '지식을 넓힌다'는 뜻의 격물치지는 사물의 이치를 궁극에까지 이르도록 익혀서 나의 지식을 극진하게 한다는 의미다. 즉, 하나하나 완벽하게 깨쳐가는 것이 모든 것을 알게 되는 열쇠라는 것이다. 우연히 접한 정약용의 공부론은 막연히 어른들을 위한 공부 책을 써야겠다는 내 영감에 불을 댕겼다. 그리고 정약용과 같은 '위대한 인문과학자들은 어떻게 공부했을까?'라는 물음을 갖게 되었고, 그 탐구는 현대인은 어떻게 공부해야 하는지에 접근할 수 있는 단초가 되어주었다.

어렸을 때 읽은 위인전 속 영웅들의 이야기가 아니라, 인문과학자들이 실제로 평생에 걸쳐 어떻게 공부했으며, 공부에 관해 어떤 생각을 갖고 있었는지를 살펴보면서 그 속에 숨어 있는 뇌과학적·인지과학적 공부의 비밀들을 파헤쳐보면, 지금 이 시대에 필요한 '제대로 공부하는 능력'을 기르는 법을 찾을 수 있을 것이라고 생각했다.

정약용, 율곡 이이, 아인슈타인, 파브르, 칸트, 벤저민 프랭클린, 일론 머스크 등 다양한 분야에서 창의적인 업적을 남긴 인문과학자들의 공부법과 연구 방법을 분석하면서, 현대 뇌과학이 증명해주고 있으며 나의 학습클리닉에서 시행하고 있는 공부법들이 옳은 것임을 확신할 수 있었다. 이들은 각자 매우 체계화된 공부법을 갖고 있었으며 그에 대한 확실한 믿음과 놀라운 과제 집착력이 있었다. 이들이 위대한 업적을 남긴 것은 어쩌면 당연하다는 생각마저 들었다.

이 책에는 위대한 인문과학자들의 다양한 공부법이 소개되어 있다. 하지만 그들의 공부법을 맹목적으로 추종할 것이 아니라, 자신에게 적합한 모델을 찾을 수 있도록 돕고 싶었다. 그래서 인문과학자들의 공부법이 각각 현대 인지과학의 어떤 요소들을 포함하고 있으며, 어떤 장점이 있는지 분석하고, 현재 자신이 필요로 하는 능력을 많이 갖고 있는 모델을 찾을 수 있도록 했다. 이는 동기부여에도 효과적이며 적절한 공부법을 익히는 데에도 유익하기 때문이다. 그래서 책의 후반부에는 나의 학습클리닉에서 적용하고 있는 두뇌 유형 판정 방법도 구체적으로 소개했다.

이 책을 통해 독자들은 세상에 선명한 자취를 남긴 인문과학자들의 공부법을 읽으면서, 자신에게 적절한 혹은 자신이 가장 닮고 싶은 공부법을 가진 사람을 롤모델로 삼을 수 있을 것이다. 또한 자신의 두뇌 유형도 파악하면서 자신만의 공부법을 체득해 원하는 꿈을 향해 한 발 더 다가갈 수 있기를 바란다.

내 머릿속에만 있던 과제를 책으로 펴낼 수 있게 도와준 알투스에 감사의 뜻을 전한다. 그리고 멀리 미국에서 자신에게도 꼭 필요한 이야기라며 힘을 실어준 나의 동생 노유식 교수, 언제 어떤 일이든 내 편이 되어주는 든든한 조력자이자 동시에 적절한 비판자이기도 한 나의 아내 김선신에게도 깊은 감사의 마음을 전한다.

2016년 1월

노규식

2장. 인문과학자들의 자기만의 공부법

3장. 공부법을 알고 공부하면 인생이 달라진다

현대인들은
왜 공부를 해야 하는가

공부하는 사람과
공부하지 않는 사람의 차이

바야흐로 평생 공부해야 하는 시대가 왔다.
학교에서 가르쳐주는 것만을 배우고 익히는 것이 공부라고
생각하는 사람은 새로운 시대의 변화에 대처하기 어렵다.
'나는 평생 공부할 수 있는 사람인가?' 자문해보자.

얼마 전, 직장인을 대상으로 업무 능력 강화를 위한 강의 요청을 받은 적이 있다. 강의 준비를 하느라고 자료를 찾아보던 중에 헤드헌터들이 요즘 지향하는 인재상에 대한 자료를 접할 수 있었다. 그 기준은 '학습할 수 있는 능력을 갖춘 자'였다.

현대 사회에서 기업은 동일한 비즈니스 모델로 10년을 유지하기가 어렵다. 그래서 계속 새로운 비즈니스 모델을 찾아나가야 한다. 그런데 그때마다 적합한 역량을 갖춘 사람을 찾아서 고용하기가 쉽지 않으므로, 애초에 직원들을 뽑을 때 급변하는 환경에 잘 적응하고 새로운 비즈니스 분야에 관한 지식을 단시간에 습득하는 능력이 뛰어난 사람을 찾는 것이다. 고등학교 때 열심히 공부해서 좋은 대학을 가고, 학점과 각종 자격증 등 스펙을 쌓아서 좋은 회사에 취직하고, 사수를 잘 만나 업무 인계 잘 받고…… 그렇게 시간이 흐르면 그 업무에 정통해지고 승진해서 간부가 되던 시대는 이미 오래전에 지나갔다. 이제는 평생 '새로운 것'을 배울 수 있는 능력이 필요한 시대다.

평생 새로운 것을 배울 수 있는 사람

요즘은 40대만 돼도 인생의 새로운 진로를 개척해야 한다. '평생직장'이라는 개념은 박물관의 유물이 되어버렸다. 끊임없이 새로운 비즈니스 모델을 찾아 시시각각 변신하는 기업에서 일하는 사람이 아니더라도, 누구나 스스로 새로운 모색에 나서야 하는 게 선택이 아닌 필수가 되었다. 명예퇴직한 사람들 중에는 치킨집을 비롯한 음식점 사업에 뛰어드는 경우가 많은데, 이들의 상당수가(사실 대부분이) 실패한다는 점을 고려해볼 때, 회사를 다니다 적당한 때에 나와서 '장사나 해야지'라고 안이하게 삶을 계획하다가는 낭패 보기 십상이다.

고등학교 때 혹은 대학교 때까지, 학교에서 가르쳐주는 것만을 배우고 익히는 것이 공부라고 생각하는 사람은 새로운 시대의 변화에 대처하기 어려워졌다. 바야흐로 '평생 공부해야 하는 시대'가온 것이다. 이런 시대에 살아남기 위해서는 '나는 평생 공부할 수 있는 사람일까?'라는 질문부터 스스로에게 던져야 한다.

여기서 '공부란 무엇인가?'를 먼저 정리하고 가자. 이때의 공부란 영어나 중국어 등 외국어 공부만을 의미하지 않는다. 그런 공부는 '공부'의 레벨 중 가장 아래 수준에 해당한다. 지금부터 함께 이야기해보고자 하는 공부는 '문제를 해결할 수 있는 능력을 기르는 공부'다.

최근에 기업을 운영하는 지인을 만난 자리에서 사람 뽑는 어려움에 대한 이야기를 나눈 적이 있다. 그분은 오랫동안 직원을 채용해오면서 출신 학교, 각종 자격증, 인턴십 과정의 태도와 성과 등 다방면에서 검토하고 면접을 봤는데 결국 가장 중요한 것은 '일이 되게 하는 사람'이더라고 했다. 아무리 좋은 대학을 나와도 일이 되도록 하지 못하는 사람이 있고, 출신 학교는 평범하고 별다른 스펙이 없어도 일이 되게 만드는 사람이 있더라는 것이다.

일이 되게 만드는 데에는 다양한 역량이 필요할 것이다. 지식도 필요하고, 정보도 있어야 하며, 때로는 친화력과 리더십도 필요하다. 계획성과 결단력도 중요한 요소가 될 수 있다. 그런데 이 모든 능력도 한 가지 역량이 있어야만 성과를 낼 수 있다. 바로 '공부'다. 인지과학적 용어로는 '학습(learning)'이라고 하는 것이 더 적절한 표현이다. 학습에는 계획하는 능력, 우선순위를 정하는 능력, 기억하는 능력, 가설을 점검하는 능력, 집중력, 언어적 능력, 시각·공간적 사고력이 모두 필요하다(이 능력들은 대단히 중요한데, 뒤에서 다시 상세히 다룰 것이다). 결국 일이 되게 만들려면 '공부할 수 있는 능력'이 갖추어져 있어야만 하는 것이다.

일류대를 나와도 '공부하지 못하는' 사람

불행히도 우리나라의 교육제도(적어도 고등학교까지)는 이러한 학습의 본래 취지를 살리는 공부를 할 수 있는 환경이 아니다. 학습의 목적인 문제점을 찾아낸 후, 그것을 해결하기 위해 정보를 모으고 분류하고, 우선순위를 정하고, 적절한 내용으로 바꿔 기억하고, 응용하고, 필요에 따라 새로운 것을 생각해내는 과정이 제대로 이루어지지 못하고 있다.

우리의 교육은 주어진 질문에 가장 빠르고 가장 정확하게 답할 것을 요구한다. 이를 위해 단순한 '반복 연습(drill)'을 하지 않으면 수능에서도 결코 좋은 성적을 받지 못한다. 그렇다 보니 시험을 잘 봐서 좋은 대학에 가고 일류 직장에 들어가기는 하지만, 정작 '공부하지 못하는' 사람이 되어 있는 경우가 많다. 안타까운 일이다.

물론 교육제도에 순응하면서 오랜 시간 노력해 어느 정도의 보상은 받았다. 그러나 정작 냉정한 세상에서 앞으로 맞닥뜨릴 숱한 변화와 위기상황을 헤쳐나가기 위한 가장 중요한 능력은 갖추지 못한 것이다. 이는 개인의 비극일 뿐 아니라 사회적으로도 큰 손실이 아닐 수 없다. 누가 뭐라 해도 우리나라가 믿을 건 사람뿐이지 않은가.

그래도 희망은 있다. '공부하는 능력'은 아직 우리 뇌 속 어딘가에 존재하고 있기 때문이다. 이 능력은 사용하지 않으면 사라지기도 하지만 지금부터라도 꺼내서 갈고 닦으면 다시 튼튼하게 만들 수 있다. 제아무리 '몸짱'이어도 열심히 운동하고 올바른 식사 습관을 유지하면 남부럽지 않은 '몸짱'이 될 수 있는 것처럼 말이다.

공부를 계속하는 사람의 뇌는 어떻게 달라지는가

제대로 된 공부란 무엇일까?
전두엽의 실행 기능을 100퍼센트 활용하는 것이다.
문제를 해결하기 위해 정보를 활용해서 결론을 도출하고,
새로운 접근법과 아이디어를 떠올리는 것이 '공부'다.

tvN 채널에서 방송되는 〈문제적 남자〉라는 프로그램이 꽤 인기다. 여섯 명의 남자 연예인이 전문가 혹은 각 분야의 뛰어난 능력을 가진 사람들과 함께 상당히 수준 높은 문제를 풀어가는 프로그램이다. 출연진은 카이스트, 서울대, 연세대 등 명문대학 출신이거나 아니면 지능지수가 매우 높은 사람들이다. 시청자들은 이들이 문제를 풀면서 쩔쩔매거나 혹은 어려운 문제를 포기하지 않고 기어이 풀어내는 모습을 보면서 함께 쾌감을 느낄 수도 있다.

그런데 이 프로그램의 부제가 참 흥미롭다. '뇌섹시대'다. 뇌섹남 (뇌가 섹시한 남자), 뇌섹녀라는 신조어에서 따온 것인데, '뇌가 섹시하다'는 것은 도대체 어떤 의미일까? '몸이 섹시하다'는 표현의 의미에 비춰 생각해보면 이해가 될 듯도 하다.

몸이 섹시하다는 것은 일단 몸이 건강하고, 남들이 보기에도 좋으면서, 모든 기능이 뛰어나다는 의미일 것이다. 다이어트를 강조하는 시대지만 빼빼 마른 몸을 섹시하다고 하지 않는다. 그렇다고 무조건 근육이 울퉁불퉁한 몸을 섹시하다고도 하지 않는다. 그리고 아무리 좋은 몸을 가지고 있어도 자신있게 드러내지 못한다면 역시 섹시하다는 말을 들을 수 없다. 자신의 몸(근육이든 몸매든)을 부끄러워하지 않고 당당하게 드러내는 자신감이 있어야 비로소 '몸이 섹시하다'는 말을 듣게 되는 것이다.

'뇌가 섹시하다'는 표현도 마찬가지다. 당연히 건강하고 지능이 좋으며, 자신의 지적 능력에 대해 자신감이 있는 사람이 '뇌가 섹시하다'는 말을 들을 수 있을 것이다. 참고로, 인터넷에서 '뇌섹남'의 의미를 찾아보니, 이 단어는 2015년 국립국어원에 의해 '2014년의 신조어'로 선정되었으며, 그 뜻은 '주관이 뚜렷하고 언변이 뛰어나며 유머러스하고 지적인 매력이 있는 남자'라고 한다.

'섹시한 뇌'란 무엇인가

〈문제적 남자〉에 나오는 뇌섹남들이 푸는 문제는 어떤 유형일까? 이 프로그램의 출제 문제는 고교생들의 퀴즈 프로그램인 〈장

학퀴즈〉나 일반인 대상의 〈1대100〉과는 사뭇 다르다. 얼마나 많은 정보를 얼마나 정확하게 기억하고 있는지를 테스트하는 전형적인 학교 시험문제가 아니다. 얼핏 보기에는 전혀 규칙성이 없는 숫자들을 보여주고 그다음에 올 숫자를 묻기도 하고, 결론을 주고 상황을 추리하라고 하거나, 스파게티 국수 가락으로 탑을 높게 쌓게도 한다. 또는 면접 상황을 설정해 난처한 질문을 던지고 답을 요구하기도 한다. 이런 문제들을 보면, 이제 사람들은 단순히 아는 게 많은 것을 '뇌가 섹시하다'고 느끼지 않는 것 같다. 마치 그저 힘이 세다고 '몸이 섹시하다'고 느끼지 않는 것처럼 말이다.

사실 이 프로그램은 제작 초기부터 필자가 자문과 감수를 하고 출연도 몇 차례 한 바 있다. 그 과정에서 제작진과 교감을 한 것이 '지식을 테스트하는 것은 실제 두뇌 역량의 일부분만을 측정하는 것이므로 지양하자'는 것이었다. 뇌과학적으로도 퀴즈왕은 기억력이 우수할 뿐 다른 능력도 우수하다고 볼 수 없다. 제작진 입장에서도 대중들이 그런 퀴즈왕을 지적으로 섹시하다고 느끼지는 않을 거라고 본 것이다.

그렇다면 어떤 문제를 출제해야 '뇌섹남'들이 주관이 뚜렷하고, 언변이 뛰어나며, 동시에 유머감각도 있는, 지적으로 매력적인 사람임을 입증할 수 있을까? 제작진은 오랜 생각과 회의 끝에 주관을 뒷받침하는 논리성을 평가하는 문제를 만들고, 언변이 필요한 면접 상황을 설정해 유머감각과 관련 깊은 창의성과 유연성을 테스트했으며, 집중력과 기억력 등 지적인 능력을 발휘할 수 있는 문제와 패턴 찾기 같은 과제들을 선정하고 개발했다. 이런 고민의 결과로 프로그램 속 '뇌풀기 문제'와 '오늘의 문제'들이 선정된 것이다.

여기에는 특정한 이론적 배경이 활용되었다. 하버드대 교육대학원의 린 멜처(Lynn Meltzer) 박사가 제안한 '전두엽의 실행 기능(executive function) 6단계'로, 우리 뇌가 문제를 해결할 때 사용하는 6단계의 기능을 말한다. 이는 계획하기(planning), 조직화하기(organize), 우선순위 정하기(prioritize), 단기 기억력(working memory), 점검하기(monitoring), 사고전환 능력(shifting)으로, 결국 학습 그러니까 공부를 하는 데에 핵심적인 역할을 하는 기능들이다.

말 그대로 시간이나 업무 그리고 공부를 계획하는 능력, 내용이나 일을 체계적으로 분류하는 능력, 해야 할 일들이나 알아야 할 것들 중에서 무엇이 더 중요한지 판단할 수 있는 능력, 내용의 이해와 활용에 필요한 단기 기억력을 의미한다. 그리고 자신의 계획이 목표에 맞는지 혹은 예상대로 진행되고 있는지를 점검하는 판단력, 계획한 방식으로 과제가 해결되지 않을 때에 발상의 전환을 통해 새로운 방식을 시도할 수 있는 유연한 사고력이 공부를 하는 데 있어서 핵심 기능이라는 의미다.

이 견해는 많은 교육현장에 적용되어 신뢰를 얻고 있다. 필자 또한 학습클리닉을 통해서 학생들의 지능과 전두엽 기능을 평가하고, 그들의 학습 능력과 성적 등을 비교해보면 이 견해에 전적으로 동의하게 된다. 대부분의 경우, 성적이 우수한 학생은 지능지수가 높은 아이들이 아니라 전두엽 실행 기능이 높은 아이들이기 때문이다.

진짜 공부는 전두엽 실행 기능을 훈련시키는 공부다

〈문제적 남자〉가 진행되면서 흥미로운 현상이 나타났다. 두뇌학습 이론에 입각한 문제들을 출제하고 풀어나가는 과정에서 출연진의 문제풀이 능력이 뚜렷하게 향상되는 현상이 나타난 것이다. 논리적으로 사고하고, 언어적 능력을 활용해서 표현하고, 시각적·공간적 퍼즐과 패턴을 찾는 문제들을 푸는 동안 처음보다 그런 능력들이 향상되고 더 잘 발휘된 것이다. 이는 전두엽 실행 기능이 훈련을 통해서 향상될 수 있음을 보여준다.

여기서 말한 전두엽 실행 기능 훈련이 다름 아닌 학습, 즉 공부다. 주입식 교육과 암기식 공부가 아닌 제대로 된 공부야말로 최고의 전두엽 실행 기능 훈련인 것이다. 제대로 된 공부란 문제를 해결하기 위해 정보를 모으고 나누어 정리하고, 기억하고 활용해 결론을 도출하고, 이를 비교하고 때로는 새로운 접근법과 아이디어를 떠올리는 공부로, 전두엽의 실행 기능을 100퍼센트 사용하는 것이다. 이런 과정을 통해서 강해진 전두엽의 실행 기능은 우리의 학습 능력, 즉 '공부하는 능력'을 한층 더 강화시킨다. 그리고 공부를 통해 우리의 뇌는 점점 더 섹시해지고 우리의 경쟁력은 점점 더 성장하게 되는 것이다.

전두엽 실행 기능은 단순한 기억력보다는 정보를 분석하고 활용하는 능력과 관련이 깊다. 그래서 전두엽 실행 기능 훈련은 문제를 해결하는 연습인 경우가 많다. 몇 가지 훈련의 예를 들어보자.

우선 '틀린 그림 찾기'나 '숨은 그림 찾기'를 하면 주의집중력과 시각적 기억력 강화에 도움이 된다. 시간을 정해놓고 찾거나, 순서를 정해놓고 찾으면 더욱 효과적이다. 이런 훈련이 필요한 이유는, 대부분의 현대인들이 집중력이 떨어지는 환경에 노출되어 있기 때문이다. 스마트폰과 인터넷 활용이 많아지면서 우리는 어느새 집중하는 방법을 잊어버리고 있다. ADHD(주의력결핍 과잉행동 장애) 아동들을 대상으로 이 훈련을 해보면 집중력 향상에 효과가 있음을 알 수 있다(물론 이것만으로 치료를 할 수 있는 것은 아니다). 학생이나 일반인들도 공부를 시작하기 전에 워밍업처럼 하기 좋은 훈련이다. 매일 20~30분 정도만 투자해보자.

또한 '디지털 치매'로 가장 많이 손상받는 능력 중 하나인 단기기억력을 향상시키기 위해서는 '번호 거꾸로 외우기' 연습이 도움이 된다. 처음에는 다섯 자리 숫자 정도로 시작해서 점차 자릿수를 늘려가는 방식으로 훈련한다. 또 자주 사용하는 전화번호라도 단축번호 저장을 하지 않고 번호를 다 외우는 것도 유익한 훈련법이다.

'패턴 찾기 퍼즐'도 전두엽 실행 기능 향상에 도움이 된다. 다음 순서에 올 모양이나 글자를 맞추는 문제들을 풀다 보면, 우리 두뇌는 자연스레 다음 순서에 올 수 있는 가능한 경우들을 찾아서 분류하고 어느 것이 맞는지 점검하는 과정을 거친다. 퀴즈를 풀어보는 것도 좋은 방법이다. 단, 난센스 퀴즈보다는 논리력이나 수리력을 활용하는 퀴즈가 좋다.

마지막으로 한 가지 더, 그림이나 사진을 보고 스토리를 만들어볼 것을 추천한다. 이것은 유연한 사고와 상상력을 향상시키기 위한 훈련이다. 서로 관계가 없어 보이는 것을 연결할 수 있는 능력이 전두엽 실행 기능 중 '사고전환 능력'에 해당하는데, 사진을 보고 이야기를 만드는 훈련이 많은 도움이 된다.

공부 잘하는 뇌를 만드는 습관

〈문제적 남자〉 출연자들도 이런 종류의 문제를 많이 풀고 나서 전두엽 실행 기능이 더 좋아진 것을 확인할 수 있었다. 주관은 좀 더 논리적이 되었고, 언어적 표현력은 풍부해졌으며, 유머감각에 필요한 유연한 사고력도 향상되었다. 덕분에 제작진은 점점 더 어려운 문제를 찾아야 했다. 프로그램이 6개월가량 진행된 후 출연자들의 능력이 어느 정도 되는지 알아보기 위해 지능검사를 포함한 인지기능검사를 했는데, 확실히 각자 이전의 지능검사 결과보다 향상된 효과가 있었다.

이런 전두엽 실행 기능 훈련을 효과적인 공부법으로 연결하기 위해서는 몇 가지 습관이 필요한데, 다음과 같다.

첫째는 계획하는 습관이다. 어떤 일이든, 어떤 방식이든 상관없다. 그저 할 일을 생각하고 시간을 배분하면서 계획을 세우다 보면 목표 설정, 우선순위 결정, 유연성, 기억력을 모두 활용하는 좋은 습관을 키울 수 있으며 학습에도 도움이 된다. 계획을 세우는 습관만으로도 성적이 향상될 수 있기 때문에 자기주도 학습 센터들은 대부분 계획 세우기를 가장 중시한다(물론 이것이 전부는 아니다).

두 번째는 마인드맵을 작성하는 습관이다. 마인드맵은 중요한 요소들의 관계를 한눈에 파악하면서도 각각의 항목들을 빠뜨리지 않을 수 있는 좋은 방법이다. 실제로 어떤 학생들의 경우, 이 방법을 활용하는 것만으로도 수학 성적이 단번에 30점 이상 오르기도 한다. 직장인들의 경우는 아이디어 발상에 도움이 되고 업무 능력도 향상시킬 수 있다. 물론 이 방법도 숙달되고 효율을 높이려면 연습이 필요하다. 마인드맵 형식이 맞지 않는 사람들도 있는데, 이런 경우에는 목록 형식을 사용하면 된다. 이런 차이는 각자 두뇌 유형이 다르기 때문에 발생하는데, 이에 대해서도 뒤에서 좀 더 자세히 다룰 것이다.

세 번째는 밑줄 긋는 습관이다. 공부를 하거나 책을 읽을 때 많은 사람이 하는 고전적이면서도 효과적인 습관 중 하나가 밑줄 긋기다. 밑줄을 긋는 게 뭐가 어려우랴 싶겠지만 밑줄을 정확하게 긋고, 각각의 위계체계에 맞춰 서로 다른 기호나 색을 사용하면 보기도 좋을뿐더러 뇌에 체계적으로 입력된다. 실제로 클리닉에서 밑줄 긋기 훈련을 하면서 꼭 필요한 것에만 밑줄을 긋고 나머지는 없애라는 미션을 주면(보통 30%만 남기고 다 지우게 한다) 대부분 당황한다. 모두 중요해 보이기 때문이다.

마지막은 독서할 때 소제목을 붙이는 습관이다. 특히 실용서나 교과서를 공부할 때 유용한 방법으로, 단락마다 소제목을 달아보는 것이다. 단어나 구절 모두 상관없다. 다만 한 문장 이상은 소제목으로 적절하지 않다. 이 방법은 조직화하고 우선순위를 파악해서 핵심을 찾아가는 데 매우 효과적이다.

가장 중요한 것은, 이런 방법들을 알고만 있을 게 아니라 평소에 연습해서 습관화해야 한다는 것이다. 그래야만 전두엽 실행 기능을 최적화할 수 있고 공부 효과도 높일 수 있다.

창의력과 상상력도
공부를 통해 키울 수 있다

창의력의 근원이 되는 알파파를
꾸준히 발생시키기 위해서는 '독서'가 중요하다.
이때의 독서란 많은 정보를 얻기 위한 다독이 아니라
이야기를 상상해보는 활동이 동반된 숙독을 의미한다.

공부를 통해서 창의력과 상상력이 향상될 수 있을까? 내 대답은 "그렇다!"이다. 전두엽의 실행 기능을 100퍼센트 활용하는 '제대로 된 공부'를 한다면 창의력과 상상력도 키울 수 있다.

창의성은 '무에서 유를 창조'하는 것이 아니다. 오히려 이미 존재하고 있는 것에서 '한 발만 옆으로 비켜서는 것'이 창의성 아닐까. 21세기가 시작된 이후 가장 창의적이고 혁신적이라고 평가받는 제품은 아직까지 아이폰이라고 할 수 있다. 그러나 아이폰이 등장할 당시 그 기능들은 세상에 전혀 없던 것들이 아니었다. 휴대전화도 이미 존재하고 있었고, 카메라 기능도 있었다. 거기에 mp3 플레이어를 탑재하고 지도 기능을 삽입했으며, 그 밖의 많은 기능을

'앱'이라는 형태로 휴대전화에 담을 수 있게 했다.

아이폰은 스마트폰이라는 이름에 걸맞은 최초의 기기였으며, 그때까지 전화기에 탑재된 기능들을 좋든 싫든 써야만 했던 기존의 휴대전화 개념을 완전히 뒤집었다. 아이폰에서 창의적이고 혁신적인 사고란, 한 대의 기기에 여러 가지 기능을 모으고 자신이 원하는 기능을 선택해서 넣을 수 있도록 만들자는 발상에서 비롯된 것이다. 기존의 제품들에서 한두 발짝 옆으로 이동해 시선을 달리한 결과가 이런 혁신적인 제품의 창조로 이어진 셈이다. 아이폰의 성공으로 그전까지 창의성이란 그저 듣기 좋은 공염불 정도로 생각하던 우리나라에까지 '창의성' 열풍이 불어닥쳤다. 지금은 경제도 '창조 경제'다.

창의력을 키우기 위한 공부법

창의력을 키우기 위해서는 몇 가지 조건이 필요하다. 우선 경쟁이 심한 상황에서는 창의성이 발달하지 않는다. 정해진 답을 맞히는 것으로 평가받는 교육 환경에서 창의성은 발달하지 않는다. 자신의 내부에서 우러나오는 열정이 없어도 발달하기 어렵다. 이런 점들을 생각해보면, 우리나라의 입시 교육 환경에서는 창의력을 키우면서 성장하기가 대단히 어려울 수밖에 없다. 그런데 시대는 창

의성을 요구하고 있다. 우리 어른들은 어떻게 하면 창의력을 키울
수 있을까?

학습에는 나름의 '수준(level)'이 있는데, 이 수준을 이해하면 그
답을 찾을 수 있다. 가장 낮은 수준의 학습은 '기억'이다. 우리가 잘
알고 있는 암기가 여기에 해당한다. 그 위 수준이 '이해'다. 대부분
공부를 깊이 있게 하는 것을 이해하는 과정이라고 알고 있지만, '이
해' 역시 수동적인 수준으로 그다지 높은 수준의 공부는 아니다. 이
해 위의 수준이 '분석'과 '평가'다. 분석과 평가는 정보를 비판적으
로 보고, 자신이 원하는 목표에 부합하는 것인지를 평가하고, 정보
의 근거가 얼마나 신뢰할 만한 것인지 분석하는 것으로, 적극적인
수준의 학습이 된다. 이것이 바탕이 되어야 비로소 정보를 '창조'해
낼 수 있는 수준이 되는 것이다. 결국 수준 높은 학습 혹은 공부를
하는 것이 창의성 발휘를 위한 전제조건이 되는 것이다. 전제조건
이 잘 갖추어지면 창의성이 발휘될 가능성이 그만큼 높아진다.

여기에 관련되는 전두엽의 실행 기능이 바로 '유연하게 사고하
기'를 가능하게 하는 '사고전환 능력'이다. 이것은 내가 생각하는
방식, 그동안 내가 의심 없이 믿고 있던 내용을 의심해보고 그것에
서 변화를 가져올 수 있는 능력이다. 이런 능력이 있는 사람은 편견
이나 선입견에 갇히지 않고 심지어 자신의 사고체계도 바꾸어가며
문제를 해결할 수 있다.

필자가 생각하기에 사고의 전환을 가장 극적으로 보여주는 장면

은 '콜럼버스의 달걀'이다. 자신의 신대륙 탐험 소식을 시큰둥하게 여기는 사람들에게 콜럼버스는 "달걀을 세울 수 있느냐?"고 묻는다. 달걀을 세우지 못해 난감해하는 이들 앞에서 그는 달걀의 한쪽을 깨뜨려 세운다. 이 일화는 '발상의 전환' 사례로 현재까지도 널리 알려져 있다. 달걀을 깨면 안 된다는 선입견에서 벗어나면, 다른 사람들에게는 불가능해 보이는 일도 해낼 수 있음을 보여주는 장면이다. 결국 창의성도 두뇌의 인지 기능이자 문제 해결 전략으로, 전두엽의 발달을 통해 얻을 수 있는 능력인 것이다.

상상력을 키우는 독서법은 따로 있다

창의력이 발휘되기 위해서는 '상상력'이라는 또 하나의 기본적인 능력이 필요하다. 상상력은 우리의 뇌가 비논리적인 사고를 잘 할 수 있을 때(잠들기 전, 친구들과 편하게 수다를 떨 때, 책이나 영화 등에 몰입했을 때 등) 제대로 발휘된다. 실제 뇌파를 측정한 연구 결과를 보아도 논리적인 사고가 이루어지고 있는 상황에서는 상상력과 관련이 깊은 '알파파'가 잘 관찰되지 않는다. 알파파는 8~12헤르츠 사이의 뇌파로, 눈을 감고 있을 때 많이 발생한다. 그래서 주로 명상 상태에 있을 때 나타나며, 이 과정에서 이전까지 떠오르지 않던 아이디어가 새롭게 떠오르기도 하고, 전혀 새로운 상상이 이루어지기도 한다.

창의력의 근원이 되는 알파파를 꾸준히 발생시키기 위해서 어릴 때부터 강조하는 교육이 바로 '독서'다. 상상력을 키우기 위해서는 독서라는 학습 활동이 필수적이다. 이때의 독서는 그저 정보를 얻기 위한 독서가 아니라, 글을 읽고 내용을 파악한 후 이야기를 상상해보는 활동이 동반되는 독서여야 하고, 그렇게 해야 상상력을 계발하는 데 도움이 될 수 있다.

우리는 어려서부터 다독왕을 장려하는 탓에 독서의 질보다는 양을 추구해왔다. 책 한 권을 여러 번 읽으면서 착한 주인공의 마음도 헤아려보고 어떤 때는 악당의 마음도 상상해보는 과정은 생략한 채, 주인공이 결국 어떤 결론에 이르렀는지 줄거리에만 집착하는 독서법에 익숙해진 것이다. 이런 독서는 상상력에 별 도움이 되지 않는다. 책은 다독이 중요한 것이 아니다. 숙독이 먼저 이루어져야 상상력과 논리력을 키울 수 있다. "100권을 읽고, 열 권을 말하고, 한 권을 쓰게 하라"는 말처럼 읽고, 말하고, 쓰기가 함께 이루어지는 독서야말로 가장 효과적인 독서법이라 할 수 있다.

이 책의 2장에는 여러 방면에서 인류와 세계에 업적을 남긴 인문과학자들의 독서법과 학습법에 대해 살펴볼 것이다. 대부분 창의적인 업적을 이룬 인물들이다. 그들이 책을 읽는 방법과 공부하는 습관을 들여다보면, 스스로 자신만의 방법을 만들어 실천함으로써 창의적인 능력을 유지하고 발달시켰음을 알 수 있다. 상상력은 어렸을 때 키워야 하는 거라며 지레 포기하거나 창의성은 지금의 내 일과는 관계없는 것이라고 생각하고 있다면, 그 판단을 잠시 접어 두자. 2장에서 그들의 공부법과 독서법을 만나보고 다시 판단해도 늦지 않을 것이다.

학생의 공부법과 직장인의 공부법, 어떻게 다른가

평생 공부해야 하는 시대에는 나이와 상황에 따라
공부하는 내용과 방법도 달라져야 한다.
즉, 학생의 공부법과 직장인의 공부법은 접근법부터 달라야 한다.

배움에는 나이가 없다고 하면서도 공부는 때가 있다고 한다. 어느 쪽이 맞는 말일까? 둘 다 맞다. 선현들은 공부는 평생에 걸쳐 해야 하는 것이라 했고, 오늘날에도 평생 공부는 불가피하다. 그러나 사람마다 나이와 상황에 따라 공부하는 내용과 방법은 달라져야 한다. 그러니 공부에는 때가 있는 것이다.

초등학교 입학 전의 공부는 체험과 경험을 위주로 이루어져야 한다. 초등학교 저학년이 되면 지식과 정보의 양이 늘어나기는 하지만 그래도 주로 관찰하고 표현해보는 것이 공부의 주된 내용이다. 그러다가 고학년이 되어서야 비로소 추상적인 개념을 배우고, 역사를 배우고, 사회 체제 등을 배우기 시작한다. 중학교에 가면 이

러한 지식의 양과 사고의 깊이를 더 확장시키는 방향으로 교육과
정이 짜여 있다. 하지만 현실은 그렇지 못하다. 중학교에서는 특목
고 입시에 매달리느라, 고등학교에서는 대학 입시를 준비하느라,
이런 교육의 목표는 뒷전으로 밀리고, 시험을 잘 치기 위한 '연습'
이 공부의 압도적인 비중을 차지하게 된다.

입시 공부가 아닌 진짜 공부를 해야 하는 이유

오늘날 중고등학생들의 대학 입시를 목표로 한 학습 방법은 공
부로서 효과가 있을까? 필자의 클리닉을 방문하는 학생들의 대부
분은 이런 학습 방법에 의존해서 공부해왔는데 전혀 성적을 올리
지 못하고 있었다. 하지만 전두엽의 실행 기능을 발달시키기 위한
훈련과 그에 맞는 학습법을 선택한 이후 성적이 눈에 띄게 상승했
다. 흥미로운 점은 전교 1등을 도맡아 하다시피 하는 학생들일수록
전두엽의 실행 기능 6단계를 잘 활용해서 공부하고 있었으며, 그중
상당수는 자신의 전두엽 실행 기능의 장단점에 최적화된 학습 방법
을 활용하고 있었다는 것이다.

앞에서도 언급했지만, 전두엽의 실행 기능을 활용하는 공부법을
익히지 못한 채 대학생이 되었다면, 지금부터라도 반드시 제대로
된 공부 방법을 익혀야 한다. 지금 공부하는 이유가 단지 좋은 학점

을 따기 위해서거나, 어떻게든 일단 회사에 취직하고 보자는 것이 아니라면, 반드시 그래야 한다. 대학생이 되어서도 눈앞의 학점과 시험에만 급급하다면 미래는 없다. 선배나 친구의 리포트를 베끼고 인터넷 자료를 짜깁기하는 데 급급하다면 더욱 그렇다.

학생 때에는 그래도 공부해야 할 것이 정해져 있다. 과목도 나뉘어 있고 과제도 있고 교과서도 정해져 있다(물론 더 많은 참고도서가 필요하지만). 시간도 직장인에 비해서 훨씬 자유롭고, 대부분의 상황이 예측 가능한 범위 내에서 발생한다. 그래서 공부를 할 때도 어떻게 자료를 모으고 선택할 것인가보다는 주어진 정보를 이해하고 분석하고 기억하는 데 더 많은 비중을 두게 된다. 이런 면에서는 전두엽의 실행 기능 6단계 중에서 계획하기, 조직화하기, 우선순위 정하기, 단기 기억력에 더 관심을 가질 필요가 있다. 즉, 시간을 관리하는 능력이 필요하고, 계획한 것을 미루지 말아야 하며, 분류(정리)를 잘해야 하고, 자신만의 기억 방법도 필요하다.

만일 대학원에 진학해 본격적인 연구 논문을 써야 한다면 자료를 찾고 모으는 능력, 가설을 세우고 점검하는 능력, 유연한 사고 능력이 추가로 필요할 것이다. 대학생들에게는 전반적인 공부 습관을 정비하고 강화할 수 있는 기회가 아직 있다. 이 점이 직장인들의 공부와 가장 다른 점이라고 할 수 있다. 그렇다면 직장인들의 공부법은 학생들의 공부법과 어떤 점이 달라야 할까?

직장인의 공부 습관, 어떻게 달라야 하나

학교를 졸업하고 직장에 들어가면 자신이 원하는 때에 원하는 공부를 할 수 있는 확률은 더 적어진다. 이때의 공부는 업무이기도 한데, 이는 자투리시간에 영어 단어를 외우는 것과는 성격이 다르다. 일단 내가 방해받지 않고 몰입할 수 있는 시간이 필요하다. 특히 직장생활 초기에는 더욱 그렇다. 그러나 상사나 선배가 언제 나에게 다른 일을 시킬지 모르고, 업무의 특성에 따라 언제 어떤 일이 발생할지 예측하기 어려울 수도 있다. 또한 업무나 과제의 시한도 대학생에 비해서는 매우 촉박한 경우가 많다.

그래서 직장인이 자신의 공부법이나 업무 능력 전반을 단번에 향상시키기는 어렵다. 직장인은 자신의 공부 습관을 '하나씩 하나씩' 바꾸어나가는 전략이 필요하다. 그리고 자신에게 주어진 업무 내에서 효율을 높이는 방법부터 찾아야 한다. 이를테면 자료를 찾아내는 방법, 그 자료를 분석하는 방법, 평가하는 방법, 모르는 것을 찾아나가는 방법, 정리하는 방법 등을 하나씩 하나씩 익히는 식이다. 자신의 능력을 업그레이드하고 싶어서 한 번에 여러 가지를 하려고 하면 힘에 부치기 마련이다. 그러다 보면 노력 자체를 중단하게 되거나 회사 일이 적성에 맞지 않는다고 여겨 아예 일을 그만둘 수도 있다. 그러므로 단계별로 차근차근 개선하는 전략이 바람직하다.

학생 시절에는 자신에게 맞는 학습법을 찾아 처음부터 차근차근 시도해보고 더 좋은 방법을 모색할 여유가 있다. 하지만 직장인은 급변하는 환경과 여러 상황에 신속하게 대처해야 하기 때문에 시행착오를 줄여가며 단계적으로 필요한 것부터 학습해나가야 한다. 그래서 다른 사람이 효과를 거둔 방법을 찾아 적용해보는 것이 좀 더 효율적일 수 있다. 문제는 자신에게 맞는 방법이어야 효과를 볼 수 있다는 것인데, 그 점에 대해서는 3장에서 좀 더 구체적으로 다뤄보겠다.

2장

인문과학자들의
자기만의 공부법

정약용의
메타인지 공부법

밤잠 안 자며 공부하고 일을 해도 성과가 좋지 않다면
그것은 지능의 문제가 아닌 '방법'에서 이유를 찾아야 한다.
이것은 우리 뇌의 메타인지 기능을 활용하는 방법으로
다산의 '격물치지 학습법'과 일맥상통한다.

조선시대 실학자 이서구는 영평에 살던 중 대궐로 가다가 한 소년을 만났다. 소년은 당나귀에 책을 가득 싣고서 어느 절을 향해 올라가고 있었다. 이서구는 열흘 뒤 영평으로 돌아가는 길에 다시 그 소년을 만나게 된다. 그리고 호통치듯이 말한다.

"너는 왜 글은 읽지 않고 이렇게 돌아다니느냐?"
"절에서 책을 읽고 내려오는 중입니다."
"당나귀에 실은 그 책이 무슨 책이냐?"
"『강목(綱目)』입니다."
강목은 중국 역사를 다룬 방대한 양의 책이다.

"강목을 어떻게 열흘 만에 다 읽었다는 것이냐?"

"읽은 것이 아니라 다 외웠습니다."

소년의 말을 믿을 수 없었던 이서구는 책 속 여러 부분에 대해 질문을 했고, 소년은 그 모든 내용을 정확히 대답했다. 황현의 『매천야록(梅泉野錄)』에 실려 있는 이 일화 속 소년은 바로 정약용이다. 그가 남달리 두뇌가 명석하고 집중력이 좋아서 다 외운 것인지, 그저 책읽기를 좋아해서 그랬는지는 알 수 없지만, 분명한 것은 훗날 그가 늘 강조한 '격물치지의 공부법'으로 그 책을 읽고 공부했을 것이라는 점이다.

격물치지의 공부법이 바로 '메타인지' 학습법

'격물치지의 공부법'은 현대 심리학에서 다루고 있는 '메타인지' 학습법이라고 말할 수 있다. 메타인지에 대해 이야기하기 전에 우선 정약용이 말한 격물치지 공부법에 대해서 좀 더 알아보자.

조선시대 실학을 집대성한 다산 정약용(茶山 丁若鏞)은 우리나라 역사를 통틀어 가장 뛰어난 대학자라고 할 수 있다. 한자가 생긴 이래 가장 많은 저술을 남긴 저자라고 보는 이들도 있다. 더욱이 한 분야에 몰두한 대부분의 학자들과 달리, 그는 문학과 인문학에서부터 사회과학, 의학, 기술학에 이르기까지 다양한 분야를 깊이 있게 연구했다.

다산의 어마어마한 저작을 보면 인문학이든, 사회과학이든, 의학이든 그가 수행해나간 다양한 연구의 길 자체는 하나로 통한다고 할 수 있다. 그것은 바로 '학문의 방법론', 다시 말하자면 '공부법'에 대한 연구다. 그의 공부는 그 자체가 격물치지의 공부법이다.

'격물치지(格物致知)'는 무언가에 대해 '깊이 연구하고(格物)', '지식을 넓힌다(致知)'는 뜻이다. 『대학(大學)』에 나온 의미를 통해 보면 '사물의 이치를 궁극에까지 이르도록 익혀서 나의 지식을 극진하게 한다'는 뜻으로 해석할 수 있다. 어떤 분야에 대해 더할 수 없을 정도의 경지에 이르도록 깊이 들어가면 지식의 기반이 저절로 넓어진다는 것인데, 이로써 정약용은 학문의 폭을 저절로 다양하게 넓혀갈 수 있었다. 중국 역사서 『강목』을 다 외울 정도로 깊이 빠졌던 소년 정약용은 결국 문학·인문학·사회과학·의학·기술학에 이르기까지 다양한 분야를 연구할 수 있었던 것이다.

정약용의 격물치지 공부법은 오늘날 메타인지 학습법과 일맥상통하는 점이 있다. '메타인지(metacognition)'란 1976년에 심리학자 존 플라벨(John Flavell)이 만든 용어로, 무엇인가를 배우거나 실행할 때 내가 아는 것과 모르는 것을 스스로 파악하는 능력을 말한다. 즉, 자신의 사고 능력을 정확히 인식하는 능력인 것이다. 이는 내가 잘 알고 있는 부분과 모르는 부분이 무엇인지 알고, 부족한 부분을 보완하기 위해 구체적인 계획을 세우고 스스로 평가하는 능력이다.

그 능력 중 하나가 어떤 방법으로 정보를 기억할 것인가를 결정하는 것이다. 책을 읽었을 때(정보를 만났을 때), 이것을 어떻게 하면 잘 분류해서 기억할 수 있을까? 계산 문제를 접했을 때, 어떻게 하면 빠르고 정확하게 계산할 수 있을까? 글을 쓰거나 말을 할 때, 어떻게 하면 체계적으로 할 수 있을까? 이런 식으로 방법에 대해 생각하는 능력인 것이다. 이것은 단순히 읽기 · 쓰기 · 기억하기 · 계산하기보다 한 차원 높은 인지 능력이다. 그래서 '초(超)인지'라고 번역하기도 한다.

공부에 있어서도 이 메타인지 능력은 엄청난 영향을 주게 된다. 시험공부를 할 때 무조건 오래 공부하는 사람과 어떻게 하면 더 잘 이해하고 기억할 수 있을까를 고민하며 공부하는 사람은 같은 시간을 공부해도 그 결과는 천지차이다. 예전에 어느 방송 프로그램을 통해서 전교 1등을 놓치지 않는 학생들을 인터뷰한 적이 있다. 이들의 공통점은 늘 '어떤 방법으로 공부하는 게 가장 효과적일까?'를 끊임없이 연구한다는 것이었다.

다행히도 이 메타인지 기능은 타고나는 면이 있기도 하지만, 우리 몸의 근육처럼 훈련을 통해서 발달시킬 수 있다. 쓰면 쓸수록 점점 강해지는 반면 쓰지 않으면 점점 퇴화되어 흔적만 남기도 한다.

소년 정약용은 『강목』을 읽으면서 무엇이 중요한지 핵심을 찾고, 그 핵심들이 서로 어떤 관계가 있는지 계속 생각했을 것이다.

그럼으로써 집중력과 이해도가 높아져 책을 모조리 외울 수 있을 정도로 깊은 독서가 가능하지 않았을까. 그는 이런 자신의 공부법을 스스로 '격물치지의 공부법'이라고 이름 붙였다.

하나씩, 완벽하게 깨쳐가는 것이 모든 것을 알게 되는 열쇠

옛날 학자들에게 '독서'란 그 자체가 공부였다. 정약용이 독서법에 대해 아들에게 조언한 내용을 살펴보자. 그는 유배 중에도 아들에게 독서를 어떻게 할지 조언하는 편지를 보냈다.

> 내가 몇 년 전부터 독서에 대하여 깨달은 바가 큰데, 마구잡이로 그냥 읽어내리기만 한다면 하루에 백번 천번을 읽어도 읽지 않은 것과 다를 바가 없다. 무릇 독서하는 도중에 의미를 모르는 글자를 만나면 그때마다 널리 고찰하고 세밀하게 연구해서 그 근본 뿌리를 파헤쳐 글 전체를 이해할 수 있어야 한다. 날마다 이런 식으로 읽는다면 수백 가지의 책을 함께 보는 것과 같다. 이렇게 읽어야 책의 의리(義理)를 훤히 꿰뚫어 알 수 있게 되는 것이니 이 점 깊이 명심해라.
> _'사대부가 살아가는 도리' 기유아(寄遊兒), 『유배지에서 보낸 편지』(창비)

이 내용은 바로 메타인지의 중요성을 강조한 것이다. 단 한 권을 읽더라도 자세히 읽으면서 완전히 자기 것으로 만들고, 의문이 생기는 것은 끝까지 파헤쳐 이해하면 수백 권을 읽는 효과를 볼 수 있다고 했으니, 메타인지를 설명하는 말 중 이보다 더 적절한 것은 없다.

필자는 하루에도 많은 학생들을 상담하는데, 그중에 소위 '수포자(수학포기자)'라고 스스로 말하는 학생들이 많다. 그런데 그들의 학습 패턴을 살펴보면 공통점이 있다. 바로 수학의 개념을 철저하게 익히지 않고 그저 수많은 문제집으로 문제풀이에만 매달려온 것이다.

이런 학생들은 몇 가지 특징이 있다. 가장 대표적으로, 새로운 문제 즉 풀어보지 않은 수학문제가 나오면 문제를 다 읽어보기도 전에 아예 포기한다는 것이다. 문제를 풀 때 필요한 핵심 개념이나 전략이 무엇인지 생각하지 않고, 풀이 요령을 익히는 데 치중해왔기 때문이다. '신(新) 유형' 문제라 해도 완전히 새로운 개념을 가지고 온 것은 아니기 때문에, 어떤 개념이 사용된 것인지 파악해낼 수 있다면 충분히 풀 수 있다. 즉, 이 문제에서 요구하는 근본 개념이 무엇인지만 파악하면 되는 것이다. 그런데 그 훈련이 되어 있지 않다 보니 순간 당황해 쉽게 포기해버리고 마는 것이다. 이런 식으로 수학을 공부하자면 끝도 없이 수많은 문제를 풀어야 하는데 어찌 포기하고 싶은 마음이 들지 않겠는가.

또 다른 특징은 영어 공부에서도 나타난다. 클리닉에서 상담하다 보면 영어 단어에 치를 떠는 학생들이 많다. 외워야 할 양은 너무 많은데 단어는 잘 안 외워져 힘들다는 것이다. 무턱대고 종이에 단어와 뜻을 써가며 외워봤자 그 단어는 기껏해야 학교 시험이나 학원 테스트를 통과할 때까지만 머릿속에 남아 있을 뿐이다.

그렇다면 영어 단어를 메타인지 능력을 활용해 외우는 방법은 무엇일까? 그중 하나가 '루트(root)'를 이용하는 방법이다. 예를 들어보자. 'courage'는 '용기'라는 뜻이고, 'encourage'는 '격려하다'라는 뜻이며, 'discourage'는 '못하게 막다' 혹은 '좌절시키다'라는 뜻이다. 이것을 각각 세 개의 단어로 기억하는 방법과 'courage'라는 루트를 끌어올리고 '가능하게 하다'라는 뜻을 가진 'en-', 반대의 뜻을 가진 'dis-'를 붙여서 기억하는 방법 중 어느 쪽이 더 효과적일까? 당연히 후자가 더 효과적이다.

그런데 이 방법에 대해 부정적인 학생이 많다. 이유는 이렇게 찾아서 정리하고 생각하려면 복잡하고 시간이 많이 걸린다는 것이다. 그래서 그냥 한 단어씩 빨리빨리 외우는 게 낫다고 생각하지만, 이럴 경우 오래 기억할 수가 없다. 우리의 뇌는 메타인지 능력을 활용할 때 더 고차원적으로 정보를 처리하고 학습하게 되어 있는데, 그것을 쓰지 않고 일차원적인 방법으로 무조건 외우면 효과는 떨어지기 마련이다. 언뜻 금방 외울 수 있을 것 같지만 사실은 시간낭비를 하는 셈이다. 그래서 똑같은 시간을 들여 공부를 해도 성적 차이가 날 수밖에 없다.

정약용이 오늘날 학생들에게 공부법을 가르친다면

다시 정약용의 격물치지 공부법으로 돌아가보자. 그는 아들들에게 "맨 밑바닥까지 완전히 다 알아내야 한다. 그렇게 하지 않으면 아무런 의미가 없다"고 신신당부하면서, 구체적인 예를 들어가며 격물치지 공부법을 설명했다.

예컨대 「자객전(刺客傳)」을 읽을 때 기조취도(旣祖就道)라는 구절을 만나 "조(祖)라는 것은 무슨 뜻입니까?"라고 물으면, 선생은 "이별할 때 지내는 제사다"라고 대답할 것이다. "그렇다면 그러한 제사에다 꼭 조라는 글자를 쓰는 뜻은 무엇입니까?"라고 다시 묻고, 선생이 "잘 모르겠다"고 대답하면, 집에 돌아와 자서(字書)에서 '조'라는 글자의 본뜻을 찾아보고 자서에 있는 것을 근거로 다른 책을 들추어 그 글자를 어떻게 해석했는가를 고찰해보아라. 그 근본 뜻뿐만 아니라 지엽적인 뜻도 뽑아두고서, 『통전(通典)』이나 『통지(通志)』, 『통고(通考)』 등의 책에서 조제(祖祭)의 예를 모아 책을 만들면 없어지지 않을 책이 될 것이다. 이렇게 하면 전에는 한 가지도 모르고 지냈던 네가 이때부터는 그 내력까지 완전히 알게 될 것이고, 홍유(鴻儒)라도 조제에 대해서는 너와 경쟁하지 못할 것이 아니겠느냐? 이러한데 우리 어찌 주자의 격물(格物) 공부를 크게 즐기지 않겠느냐?

_ '사대부가 살아가는 도리' 기유아(寄遊兒), 『유배지에서 보낸 편지』(창비)

아울러 격물치지의 공부를 위한 구체적인 방법도 제시했다. 이른바 '초서(抄書) 독서법'이다. 책을 읽다가 그때그때 요긴한 대목을 베껴 카드 작업을 해두는 것이다. 그저 눈으로만 읽지 않고 밑줄을 쳐가면서 읽고, 하나하나 베껴써가며 읽되 무작정 베끼지 말고 정보를 체계적으로 정리하라는 뜻이다. 또 중요하지 않은 부분에서는 시간낭비하지 말고 재빨리 지나가라는 요령까지 알려주고 있다. 그런데 이처럼 자신만의 편집 방식을 만들어 갈래를 나누고 체계를 세워서 정보를 계통화하는 것은 메타인지 학습법 중 하나다.

정약용은 제자들에게도 "생각은 써서 잡아두지 않으면 달아나기 때문에 반드시 거처 곳곳에 붓과 벼루를 놓아두고 자다가도 생각이 떠오르면 곧장 촛불을 켜고 그것을 적으라"고 일렀다. 중요한 것을 메모하고, 잘 모르는 것을 알게 되면 하나하나 체계적으로 정리해서 완전히 자기 것으로 익혀나가라고 했는데, 이 역시 메타인지 학습법의 훈련 방식이다.

이처럼 다산이 말하는 공부법의 핵심은, 많이 읽고 많이 배우는 게 능사가 아니라, '명확히 깨닫고 내 것으로 체화해 실천하라'는 것이다. 그래서 그는 "의문 나는 것이 있으면 꼼꼼히 따져서 묻고 집요하게 파고들어 의심을 걷어내서 환히 분변하여 깨닫고 그것을 몸소 실행해 내 것으로 만들어야 한다"고 강조했다.

만일 정약용이 오늘날 공부하는 이들에게 자신의 공부법을 설명한다면 어떻게 할까? 아마도 메타인지 학습에 필요한 능력 여섯 가지를 강조했을 것이다. 그것은 바로 계획하기, 체계를 만들고 분류하는 조직화하기, 핵심을 찾는 우선순위 정하기, 단기 기억력, 점검하기, 사고전환 능력이다. 이것은 전두엽의 실행 기능으로, 하버드대 교육대학원의 린 멜처 박사팀은 이를 '학습하는 데 필요한 여섯 가지 기능'이라고 정의했다.

여기서 '계획하기'란 시간 계획을 말하기도 하지만 목표 설정을 뜻하기도 한다. 목표가 명확해야만 학습이 시작된다는 뜻이다. 일단 이렇게 목표가 설정되어야 사전을 찾아보거나, 다른 책을 참고하는 등의 실행 계획을 세울 수 있다. 계획에 따라 실행한 다음에는 찾아본 내용들이 어떤 관계가 있는지 묶고 '분류'하는 작업을 해야 한다. 뿌리를 캐고 지엽을 모은 후 각각의 차례를 매기는 방법이 여기에 해당한다. 그런 다음에는 이렇게 뼈대를 잡고 모아놓은 것들의 '핵심'을 찾도록 권하고 있으니 가히 뇌과학적인, 메타인지 학습법에 완벽히 부합하는 공부법인 셈이다. 그리고 그 핵심 메모를 통해서 자신이 미처 깨닫지 못한 것이 무엇인지 스스로 점검하도록 했다. 결국 전두엽을 모두 다 쓰도록 안내하고 있는 것이다.

메타인지 독서법, SQ3R

정약용이 격물치지의 공부법과 독서법, 기록의 중요성을 강조한 것을 보면 참 대단하다는 생각이 든다. 그렇게 했기 때문에 그 옛날에 다양한 방면에 걸쳐 연구·조사·발명을 하고, 그것을 기록해서 엄청난 양의 저술을 남기고, 이렇게 '공부하는 법'에 대해서까지 기술하게 된 것이 아닐까.

정약용이 남긴 그 많은 유산 중에서도 공부 전문가인 필자의 눈에는 독서법이 대단히 흥미로웠다. 그는 독서법조차도 실용적이었다. 단순히 성현의 가르침을 배우거나 철학적 체계를 익히기 위한 독서법이라기보다는 세상의 많은 이치, 그 팩트들을 스스로 어떻게 이해하고 깨달을 것인가에 초점이 맞추어져 있다.

다산은 한 가지 팩트를 만나면 그것을 끝까지 완벽하게 이해하도록 요구하고 있다. 모르는 말이 나오면 그 말의 뜻을 찾아가고, 그 과정에서 또 모르는 말이 나오면 그것을 또 찾아가면서 익히라는 구체적인 방법론까지 제시했다. 이는 오늘날 의대생들에게 꼭 필요한 공부법이다.

내과나 소아과의 경우, 학생 한 명이 하루에 한 명의 환자를 배정받는다. 그 환자의 병과 증상, 치료에 대해 공부를 해서 그다음 날 교수님과 혹은 수석전공의와 문답을 한다. 전자차트가 도입되기 전이어서 두툼한 종이차트를 이리저리 뒤적여가며 입원 당시 어떤 증상이 있었고, 무슨 검사를 했는데 결과가 어땠고, 그래서 어떤 치료를 했는지를 일일이 베껴적었다. 당뇨 환자면 당뇨병의 증상, 진단과 검사, 치료약을 기억했다가 다음 날 질문에 답하기 위해 꼼꼼히 준비하는 것이다. 그러나 대부분의 경우 그날의 문답은 허무하게 끝나버리고 만다.

"이 환자분은 혈압이 높은가?"

"네(당뇨 환자인데 갑자기 혈압은 왜)?"

"환자를 제대로 파악하고 있는 건가?"

"저, 그게 아니라(어젯밤 늦게까지 차트를 다 뒤졌는데)……."

제아무리 밤새 차트를 뒤져가며 공부해도 자기가 알고 있는 것, 중요하다고 생각하는 것만 보다 보면 이렇게 기초적인 질문에 대답할 수 없는 경우가 많다. 지나고 보면 당뇨 환자에게 혈압이 왜 중요한지 깨닫게 되지만, 그 당시에는 책에서 당뇨병의 증상이라고 언급한 것들을 아는 데만 급급해, 그것이 환자를 파악하는 것이라고 생각했던 것이다. 환자의 모든 팩트를 정확하게 알고 있어야 제대로 된 치료를 할 수 있는 확률이 높아지는데, 의대생으로서 아직 그런 능력이 부족했던 것이다.

정약용은 팩트를 철저히 이해하고 내 것으로 만들기 위해서는 자신이 무엇을 모르는지, 무엇을 알려고 하는지부터 분명히 정하라고 강조한다. 공부는 이러한 질문에서 시작하고, 이 질문은 결국 목표가 된다는 것이다. 이것은 '메타인지 독서법'의 대표적인 개념이기도 하다. 메타인지 학습법 전문가들은 책을 읽기 전에 반드시 '내가 이 책에서 알고 싶은 것은 무엇인가?'라는 질문부터 스스로에게 해보도록 권한다. 바로 'SQ3R 독서법'이다. 우선 훑어보면서

(Survey), 질문거리를 찾고(Question), 비로소 읽기(Reading) 시작해서 읽은 내용을 회상해보고(Recite), 내가 가진 질문의 답을 알아가고 있는지 점검하는(Review) 방식을 말한다. 이렇게 하면 책을 읽다가 '삼천포'로 빠지는 오류를 방지하고, 질문은 해소되지 않은 채 시간만 낭비하는 경우를 예방하게 된다.

'SQ3R 독서법'은 1946년 프랜시스 로빈슨(Francis P. Robinson)에 의해서 처음 소개되었다. 이것은 초등학교 4학년 수준 이상의 책을 읽을 때에 활용할 수 있는 방법으로, 이를 통해 방대하고 복잡한 내용의 텍스트도 깊이 있게 이해하고 오래 기억할 수 있다. 미국에서는 초등학생들에게 소개되는 것은 물론이고 심지어 대학교에서도 학생들의 학습 효율을 돕기 위해 홈페이지 등을 통해서 자세히 소개하고 있는 방법이다.

아무리 책을 읽어도 공부가 안 되는 이유

'공부의 신' 정약용은 아들과 제자들에게 공부의 순서에 대해서도 별도로 당부했다. "당장 필요하고 쓰임이 확실하다고 해서 과문(科文)부터 보지 말고 고문(古文)부터 시작하라"고 했는데, 이는 원리를 완전히 깨치면 응용은 쉽게 할 수 있다는 의미다.

이 말을 곰곰 생각해보면, 오늘날의 학생들도 어떤 공부부터 시작해야 하는지 알 수 있다. 가령, 어렸을 때는 어떤 과목의 공부를 먼저 하는 게 좋을까? 수학이 어렵다고 하니 수학부터 해야 할까? 아니다. 답은 책읽기다. 그 이유는 초등학교 3학년이 되면 명확해진다. 이 시기부터 아이들은 서술형 수학문제를 푸는 데 애를 먹기 시작한다. 문제가 세 줄 정도만 되면 읽기를 포기해버리는 경우도 있다. 이러한 성향은 고등학교 때까지 이어져서 수학 선생님들조차도 '수학 실력의 절반은 국어 실력'이라고 할 정도다. 그런데 수학 실력보다 잘 안 느는 것이 국어 실력이다. 어렸을 때 책읽기도 만화책(학습만화도 마찬가지다)을 주로 읽고 고전을 잘 읽지 않으면, 짧은 글에는 강하지만 긴 글을 읽으면서 큰 주제를 살피는 능력은 떨어질 수밖에 없다.

이렇게 원리부터 깨치는 공부를 하지 않으면 아무리 학원을 많이 다녀도 성적이 더 이상 오르지 않고, 누가 가르쳐주지 않으면 혼자서는 공부하지 못하는 지경에 이르게 된다. 모든 공부는 핵심 개념의 연결과 복합적 사용을 잘할 수 있어야 한다. 그래서 어려서부터 인문학적으로 올바르고 깊이 있는 독서를 통해 논리적 사고력을 키우는 것이 중요한 것이다.

그리고 책은 읽은 권수가 중요한 것이 아니다. 다독(多讀)보다 정독(精讀)이 더 중요하다. 읽는 동안 두뇌를 어떻게 쓰면서 읽었느냐, 즉 SQ3R과 같은 방법을 활용하면서 읽었느냐, 아니면 그냥 줄만 쫓아 읽었느냐에 따라 차이가 크다. 또 읽고 나서 정리하는 기회를 갖거나, 자신만의 이야기를 더 풀어보았는가에 따라서도 성과는 크게 달라진다. 이는 성인들의 독서에도 마찬가지로 적용된다.

성인들도 대부분 학생 때부터 선행학습과 독서 숙제 때문에 진지하게 생각하면서 책을 읽거나 고전을 깊이 있게 읽고 음미하는 격물치지의 경험을 할 기회가 적었다. 당연히 책읽기의 즐거움도 알지 못한다. 그렇다 보니 직장인이 되어서도 책읽기를 단순히 취미로 여기거나 아예 멀리하게 되는 것이다.

책 읽는 즐거움과 공부의 재미를 제대로 느끼지 못하고 있는 성인이라면, 독서를 할 때 먼저 목적이 분명해야 한다. 교양과 흥미를 위한 독서인지, 학습을 위한 것인지부터 분명히 정해야 한다. 무엇인가를 배우기 위한 독서를 한다면, 이때에는 책에서 얻고 싶은 게 무엇인지 구체적으로 정한 뒤 책을 고르고 읽어야 한다.

예를 들어, 빅데이터에 관한 책을 읽으려 한다면, 내가 빅데이터에 대해서 알고 싶은 것이 무엇인지 분명하게 정하고 책을 읽어야 한다. 막연하게 '빅데이터가 무엇을 의미하는지 알고 싶다'보다는 '빅데이터가 일상생활에 미치는 영향'이나 '빅데이터가 비즈니스에 적용되는 원리'와 같이 보다 구체적인 목적이 있어야 책을 읽는 재미도 배가된다. 뿐만 아니라 독서의 목적이 분명할수록 수많은 책 중에서 내가 꼭 필요로 하는 책을 고르기도 쉽다.

요즘 소프트웨어 개발자뿐 아니라 학생과 직장인들도 코딩 배우기에 관심이 많다. 그래서 관련 책도 많이 읽는데, 이럴 때에도 막연히 코딩이 무엇인지 궁금하다는 생각만 갖고 책을 읽지 말고, 내가 스마트폰 앱을 만든다면 어떤 앱을 만들지 머릿속에 그린 후 읽으면 더욱 효과적이다. 이처럼 무엇인가를 배우기 위한 독서라면 그 목적을 분명히 하고 읽어야 책장만 넘기는 수동적인 독서에서 벗어날 수 있다. 그래야 독서의 재미를 느끼고 공부의 참맛을 알아갈 수 있다.

그다음에는 책의 내용을 정리하는 나만의 방법을 가져야 한다. 독서노트가 될 수도 있고, 한 장의 그림이 될 수도 있고, 질문들에 대한 답을 기록하는 방식이 될 수도 있다. 이를 통해서 격물치지를 배우는 셈이다. 이것은 두뇌가 수동적으로 정보를 받아들이기만 하는 것이 아니라, 입체적으로 분석하고 평가할 수 있도록 해주는 두뇌 활용법이기도 하다.

세상에서 가장 탁월한 자기계발법, 격물치지

누구에게나 하루는 24시간이다. 그런데 어떤 사람은 밤잠을 안자며 공부하고 일을 하는가 하면, 어떤 사람은 잘 만큼 자고 쉴 거다 쉬면서 하는데도 성과는 비슷하다. 이것은 지능의 차이가 아니다. 우리가 흔히 '요령'이라고 치부하는 '방법'의 문제다. 앞에서도 살펴보았듯이, 이 '방법'은 우리 뇌의 메타인지 기능을 활용하는 방법을 말한다. 메타인지 학습법, 즉 격물치지 학습법은 처음에는 진도가 느린 것 같고 복잡하고 귀찮게 느껴져도 시간이 갈수록 기억에도 오래 남고 이해의 폭과 깊이도 확장된다.

이 방법에 익숙해지면 시간도 짧아진다. 또한 특정 과목의 학습법이 아니라 학습을 하는 방법 자체를 개발하는 것이기 때문에, 어떤 과목의 공부든, 무슨 종류의 업무든 이 방법을 활용하면 효율성을 높일 수 있다. 어떤 것을 배워도, 무슨 일을 해도 척척 잘 해내는 능력을 갖게 되는 것이다. 세상에 나와 있는 수많은 자기계발 방법 중 격물치지를 통해 메타인지 능력을 키우는 것만큼 훌륭한 자기계발법은 없을 것이다.

가을이 깊으면 열매가 떨어진다. 물이 흘러가면 도랑이 만들어진다. 이는 이치가 그런 것이다. 너희들은 모름지기 지름길을 찾아서 가야지, 울퉁불퉁한 돌길이나 덤불이 우거진 속으로 향해 가서는 안 된다.
_ '다산의 제생에게 주는 말', 『다산어록청상』(푸르메)

다산이 학생들에게 당부한 이 말은 결국 가장 효율적인 학습법의 비밀을 담고 있는 것이 아닐까. 이 글을 두고 『다산어록청상』의 저자 정민은 "공부를 하려면 길눈이 밝아야 한다. 단계를 밟아가는 지름길은 처음엔 느려 보여도 결국은 빠르다. 금세 건너갈 수 있을 것 같던 돌길은 가도가도 끝이 없다"는 감상을 덧붙였다. 빨리 쉽게

가는 길이 오히려 울퉁불퉁한 돌길이 되고, 결국 포기하게 만드는 뒤얽힌 길이 된다는 것을 깨닫게 해주는 말씀이다.

인문학에서 출발하는 공부법과 자기관리법에 대해 논할 때 다산의 공부법을 이야기하지 않을 수가 없다. 신기하게도 현대의 인지과학과 두뇌의 기능에 대한 모든 통찰이 다산의 공부법에 다 들어 있다. '널리 배우고, 따져 물으며, 곰곰이 생각하고, 환히 분변하여, 독실히 행하는 것'이야말로 가장 효율적인 공부법이자 최고의 자기계발법이기 때문이다.

칸트의
사고전환 공부법

'여러 갈래의 접근법들을 자유롭게 바꾸는 능력'인
사고전환 능력을 키우려면
가장 먼저 '계획 세우기' 훈련이 되어 있어야 한다.
계획이 동반되지 않은 유연성은 자기합리화의 함정에 빠지기 때문이다.

18세기 프로이센왕국의 쾨니히스베르크대학 강의실, 156센티미터 남짓한 키에 왜소한 체구, 머리를 한쪽으로 약간 기울인 채 열정적으로 강의를 하는 한 남자가 있다. 매일 새벽 5시에 일어나 강의 준비를 하고, 오후 3시 반이면 산책길에 나서는, 철저하고 완벽한 자기관리의 철학자 임마누엘 칸트(Immanuel Kant)다.

평생 독신을 고집한 채 끝도 없는 연구의 길을 걸어온 칸트. 그런데 그의 철학강의실엔 의외로 웃음이 끊이지 않았다. 그는 어렵고 심오한 주제를 유머러스하고 재치 있게 풀어내 청중을 휘어잡았다. 제자 헤르더는 칸트의 강의를 이렇게 회상했다. "한창때의 칸트는 쾌활하고 활기찼다. 사람들을 즐겁게 해주는 대화가 주특기

였고, 강의도 위트가 넘쳐서 학생들이 즐거워했다. 인류사, 자연사, 자연학 등에서 많은 예를 들어 강의에 생기를 불어넣었다."

매일 스스로 세운 규칙대로 시간을 쓰고 자신을 엄격히 통제하며 철저하게 자기관리를 했던 그가 어떻게 이토록 다른 사람이 되어 강의를 할 수 있었을까? 그것은 바로 '사고전환(set-shifting)'에 능했기 때문이다.

대인관계에 꼭 필요한 '사고전환 능력'

칸트는 시계처럼 규칙적인 생활을 한 것으로 유명하다. 매일 아침 5시에 일어나서 강의안을 만들고 오전엔 강의와 철학 연구에 몰두했지만, 일반적인 공부벌레들과 달리 낮에는 지인들과 서너 시간에 걸친 느긋한 점심을 즐겼다.

식사를 함께 한 사람들도 다양했다. 학자뿐만 아니라 사업가나 군인, 여성도 많았다고 한다. 그의 사교의 폭이 얼마나 넓었는지 알 수 있다. 칸트는 식사 자리나 사교모임에서는 철학적이고 심오한 주제 대신 즐겁게 이야기를 나눌 수 있는 교양적인 주제를 택했다. 다양한 계층, 다양한 직업의 친구들과 즐겁게 대화를 하며 식사를 하고 차를 마시면서도 그들 모두를 배려했기에, 그와 식사를 했던 사람들은 모두 그 시간을 오래 기억했고, 감사의 편지를 보내왔다.

점심식사 후에는 긴 산책을 했다. 매일 오후 3시 반이면 어김없이 산책에 나섰기 때문에 동네 사람들은 칸트가 산책 나오는 것을 보고 시계를 맞췄다고 한다. 그런 그가 평생 딱 한 번 산책 시간에 늦은 적이 있는데, 바로 존경하는 루소의 저작을 읽다가 깜빡 시간을 잊은 것이다. 이런 일화를 통해 그가 얼마나 규칙적인 생활 패턴을 철저히 지켰는지 알 수 있다.

매일 밤 10시에 잠들어 일곱 시간의 수면도 정확히 지켰다. 또 젊었을 때부터 노후를 대비해 시간강사 월급의 절반을 꼬박꼬박 저축했다고 한다. 시간뿐만 아니라 인생 전반에 걸쳐 철저하게 자기관리를 한 것이다. 30년 이상 지속된 규칙적인 생활 덕분에 칸트는 위대한 학문적 업적을 이룰 수 있었을 뿐만 아니라, 연약한 몸으로 오랫동안 연구 활동을 할 수 있었다.

계획만 세워놓고 미루기가 일쑤인 일반인들에게는 참으로 감탄을 자아낼 정도로 철저히 계획적인 삶을 살았던 생활인 칸트. 그의 철학은 지독한 데가 있다.

합리적이거나 간단하거나 편한 것이 뭔가가 옳다는 증거는 아니다.
스스로 정한 것일 경우 특히 그렇다. 거기에는 작은 이기심이 숨어 있다.
_ '도덕 형이상학을 위한 기초 놓기', 『칸트의 말』(삼호미디어)

그의 말처럼 그는 결코 합리적이고 편하다는 이유로 대충 타협

하는 성격이 아니었다. 우리가 갖고 있는 이런 사람들의 이미지는 완고하고 지루할 것만 같다. 하지만 참으로 놀랍게도, 칸트는 스스로에게는 대단히 엄격했지만 타인들에게는 매우 유연한 사람이었다. 철학적 사고를 할 때와 개인적인 삶에 있어서, 상황과 장소에 따라 스스로를 조절할 줄 알았던 것이다. 게다가 유머감각도 있고 과학뿐만 아니라 예술에 대해서도 관심과 학식이 깊었다.

그런데 칸트는 어떻게 해서 이런 유연성을 갖게 되었을까? 유연성은 전두엽 실행 기능 중에서 '사고전환 능력'이 뛰어날 때 발현된다. 이런 사람들은 공부할 때의 모드와 놀 때의 모드가 달라진다. 이른바 '기어 변속'을 잘하는 것이다. 칸트도 여기에 해당하는 사람이었던 듯하다. 저술을 할 때와 강의나 사교모임에서의 칸트는 전혀 다른 사람이었다고 하니 말이다.

그의 수많은 저작들은 경건하고 심오하지만, 인간 칸트는 '유머러스하고 재치 있고 겸손하며, 부드러운 화술을 가진' 사람이었다.

그렇다면 사고전환 능력이란 어떻게 규정할 수 있을까? 린 멜처 박사는 '여러 갈래의 접근법들을 자유롭게 바꾸는 능력'이라고 정의했다. 이런 능력을 가진 사람은 소설의 결말도 여러 가지로 다르게 상상할 수 있고, 한 단어가 가지고 있는 여러 가지 의미를 상황이나 문맥에 따라 적절하게 해석할 수 있다. 그리고 하나의 문제에 여러 가지 해법으로 접근한다. 이 사고전환 능력은 전두엽 중에서도 전전두엽과 시상, 대뇌 측좌핵을 연결하는 신경회로가 특히 중요한 역할을 하는 것으로 알려져 있다. 이 신경회로는 즐거움을 관장하는 도파민에 의해서 작동된다.

사고전환 능력을 키우기 위해 꼭 필요한 계획 세우기

어떻게 하면 사고전환 능력을 키울 수 있을까? 가장 먼저 '계획 세우기' 훈련이 되어 있어야 한다. 유연한 사고를 이야기하면서 왜 계획 세우기를 언급하는지 의아할 수 있다. 그런데 계획이 동반되지 않은 유연성은 '자기합리화'라는 함정에 빠지기 쉽고, 자기합리화는 빠져나오기 매우 어려운 함정이다.

칸트는 시골마을에서 혼자 학문의 길을 걸어가면서 자기합리화에 빠지지 않기 위해 노력했다. 그 방법 중 하나가 철저한 계획 세우기였다. 그는 만 46세라는 늦은 나이에 교수가 되었지만 조급해하지 않고 저술에 몰두했다. 보통사람이었다면 그 과정에서 몹시 초조하고 답답했겠지만, 그는 친구에게 보낸 편지에 "앞으로 약 12년 정도 걸릴 저술을 하고 있다"고 쓸 정도로 담담했다. 이는 그가 12년 동안 연구할 것에 대한 계획을 세워놓고 있었다는 의미로, 얼마나 시간을 정확히 배분하고 구체적으로 계획하고 있었는지 알수 있다. 10년도 아니고 15년도 아닌 12년. 이것은 연구 과정에 대해서 그만큼 장기적으로 정교하게 계획을 세울 수 있어야 가능한 설정이다. 그는 57세가 된 해부터 철학적 성찰의 결과물을 속속 쏟아내기 시작했다.

칸트는 비교적 늦은 나이에 철학 공부를 시작했다. 그럼에도 불구하고 많은 저술을 남겼으며, 그 저술들이 서양 철학에 심대한 영향을 미쳤다. 뿐만 아니라 본인도 여러 과목의 강의를 하고, 후에 대학 총장까지 역임했다. 칸트가 그 많은 일을 이룰 수 있었던 비결은, 한 가지 일에도 그렇게 장기적이고도 정교한 계획을 세울 수 있었기 때문이다.

우리도 계획은 세운다. 5년 뒤에는 아파트 전세 대출을 다 갚고, 10년 뒤에는 집을 사고, 20년 뒤에는 멋지게 은퇴생활을 누린다는 식의 막연한 계획 말이다. 그러나 한 치 앞을 모르는 게 사람 사는 세상이라고, 어영부영 살다 보면 10년이 훌쩍 지나가 있다. 계획을 세우기 싫어서 안 세우는 것이 아니다. 계획을 세워도 실천하기 어렵기 때문에 아예 계획을 세우지 않거나 두루뭉술하게 정하는 것이다.

학생들도 마찬가지다. 상담을 할 때 필자가 "계획 세우는 걸 왜 그렇게 싫어하니?"라고 물으면 "어차피 못 지킬 걸, 계획 세우느라 시간만 낭비하잖아요?"라는 답이 돌아온다. 그럴 때면 필자는 두 가지를 분명하게 밝혀준다. 우선 계획을 세우는 것이 단지 시험을 잘 보기 위해서만이 아니라는 점과 그 학생의 계획이 실패하는 원인이다.

'계획 세우기'는 전두엽의 실행 기능 가운데 가장 핵심적인 것이다. 계획을 세우려면 첫째, 목표 설정을 잘해야 한다. 목표 설정을 잘하려면 내가 원하는 것을 분명히 해야 하지만, 그보다 나의 현재 능력이 어느 정도이며 위치가 어디인지 아는 것이 중요하다. 대학 입시든 진급을 위한 시험이든, 특정한 목표가 주어지면 일단 자신의 수준이 어느 정도인지, 그리고 부족한 점은 무엇인지 냉철하고 구체적으로 파악한 후 공부 방법과 학습량을 정해야 한다.

그다음에는 무엇이 더 중요하고 덜 중요한 일인지 구분할 수 있어야 한다. 중요한 일은 반드시 먼저 제대로 해내야 하고, 그렇지 않은 일은 때로 우선순위상 뒤로 미뤄야 한다. 이렇게 우선순위를 정하는 능력도 전두엽 실행 기능 중 아주 중요한 부분이다. 계획을 짤 때는 해야 할 공부의 양 또는 관련 자료들을 하나도 빠뜨리지 않고 꼼꼼히 수집해야 한다. 수험생이라면 시험 범위와 관련 자료부터 정확히 인지하고 공부를 시작해야 하며, 직장인이라면 프로젝트의 목표와 기간, 구성원의 특징 그리고 정보를 면밀히 검토한 후 체계적인 액션플랜을 짜야 한다. 이와 함께 계획에서 예측하지 못했던 돌발상황에 대처할 수 있는 대안도 미리 계획 단계에 포함시켜야 한다. 이런 기본적인 준비 없이 실행하면 그 공부나 프로젝트는 애초의 계획대로 진행되지 않을 확률이 높을 수밖에 없다.

필자에게 상담을 오는 성인들 중에 업무상의 어려움을 호소하는 직장인들이 있다. 주로 상사에게 꾸중이나 핀잔을 듣고, 일로도 좋은 평가를 얻지 못해서 힘들어하는 이들이다. 그런 사람들을 상담할 때면 회사에서 당시 어떤 업무를 맡고 있었고, 무슨 프로젝트를 진행 중이었으며, 어떻게 계획하고 추진했는지 구체적으로 물어본다. 누군가를 이해하고 공감해주려면 그 사람이 겪은 일을 구체적으로 알수록 좋기 때문이다. 그런데 당사자의 이야기를 듣다 보면 불성실한 태도의 문제라기보다는 애초에 계획 세우는 능력이 부족해서 생긴 문제인 경우가 대부분이다. 이럴 때는 심리치료보다는 당시 계획을 어떻게 세웠어야 했는지 차근차근 함께 검토해본다. 직장인이 겪는 이런 스트레스는 피할 수 없는 것이다. 심리적인 치료로만 그칠 게 아니고 일을 더 잘할 수 있는 자신만의 계획 세우기 방법을 구체적으로 찾는 게 급선무다.

계획 세우기는 단순히 업무나 공부의 효율을 높이기 위한 수단이 아니라, 두뇌 특히 전두엽을 발달시키는 아주 좋은 훈련이다. 어려서부터 꾸준히 계획을 세워 공부하는 연습을 한다면 두뇌 개발에 큰 도움이 될 것이다. 자기주도 학습법을 가르치는 학원에서 계획 세우기에 상당한 시간을 할애하는 것도 바로 이 때문이다.

간혹 업무가 바빠서 제대로 계획을 세울 시간이 없다고 하소연하는 경우도 있다. 그러나 무슨 일을 하든 계획 세우기가 전제되지 않으면 스트레스를 줄일 수 없고 업무 능력도 향상시킬 수 없다. 그래서 상담을 할 때 '시간 계획 세우기'의 중요성을 충분한 대화를 통해 인지시킨다. 이것은 계획의 문제이기도 하지만 우선순위의 문제이기도 하다. 다른 불필요한 일들에 쓰는 시간을 줄인다면, 중요한 일을 더 잘할 수 있고 불가능해 보이는 일도 가능하게 만들 수 있다.

큰 계획을 잘게 쪼개면 실천 가능성은 더 높아진다

계획을 세웠다 해도 실천이 어려운 이유는 그것을 세분화할 줄 모르기 때문이다. 칸트의 12년짜리 장기 연구도 결국 하루 단위의 계획으로 이루어졌을 것이다. 매일 무엇을 얼마나 할까를 결정하는 것이 핵심이다. 아무리 어려워 보이는 일도 하루 단위로 나누면 수월하게 진행할 수 있다.

계획을 세분화해야 한다는 것을 알고는 있지만 구체적으로 실행이 안 되는 경우도 많다. 이런 경우는 그 일 자체를 무척 부담스럽게 느끼기 때문이다. 그래서 이런저런 핑계로 자꾸 미루게 된다. 학생들뿐 아니라 직장인들도 일을 차일피일 미루다가 더 이상 미룰 수 없는 상황이 되면 그때서야 일을 시작하곤 한다.

이때 우리는 한 가지 착각에 빠진다. 공부든 일이든 닥쳐서 하면 능률이 더 오르더라는 것이다. 물론 내내 손도 못 대고 지지부진하다가 코앞에 닥쳐서 하니 얼마나 빨리 되겠는가? 마감 날짜나 시험일은 어차피 정해져 있고, 초조함과 간절함으로 자신을 끊임없이 몰아붙이니 속도가 날 수밖에 없다. 그렇게 겨우 마감에 맞춰 일을 마무리하거나 시험을 치르고 나면, 역시 벼락치기가 능률 면에서는 최고라는 생각을 하게 된다. 그런데 여기서 한 가지 놓친 것이 있다. 바로 '일의 품질'이다. 그 일이 벼락치기로 진행되지 않았더라면 더 질 높은 작업이 되었을 것이며, 더 좋은 성과를 거둘 수 있었을 것이다.

이렇게 벼락치기로 겨우 마감을 맞추는 데 익숙해지면 삶 자체가 그렇게 되어버린다. 무슨 일이든 그저 '해치워버리자'는 태도를 갖게 되는 것이다. 시간관리 능력도 점점 더 떨어진다.

일을 세분화하는 것이 효과적인 이유는 '자기 효능감(self-efficacy)'과 연관이 있다. 일을 완성하고 목표를 이룰 수 있는 자신의 능력을 스스로 평가하는 것을 자기 효능감이라고 한다. 이는 '자아 존중감(self-esteem)'과도 연관이 있다. 자아 존중감이 '나는 가치 있고 소중하다'라는 느낌을 갖는 것이라면, 자기 효능감은 특정한 영역이나 능력에 있어서 '자신이 얼마나 잘할 수 있는지에 대한 평가이자 기대감'이라고 할 수 있다. 자기 효능감은 자신만의 능력으로 성취해냈을 때 높아진다. 타인의 관점에서는 대단한 성취가 아니더라도 스스로 계획하고 의도했던 일을 성공했을 때 자기 효능감이 높아지는 것이다. 자신의 기획안이 채택되지 않더라도 스스로 아이디어를 내고 초안을 만들면 자기 효능감은 높아진다. 이것은 동기부여에도 매우 중요한 작용을 한다.

공부든 일이든 계획을 세울 때는 가능한 한 세분화해서 잘게 쪼개놓으면 그 작은 부분은 하기가 쉬워진다. 이 작은 성공이 반복되면 자기 효능감이 높아져 완수하고자 하는 동기부여가 강해진다. 그다음 단계도 잘게 쪼갠 계획이기 때문에 해낼 가능성이 높은 데다가 이전의 성공으로 동기가 높아진 상태이므로 전체 계획의 성공 확률도 높아진다.

이런 원리를 다 아는데도 실천이 안 되는 이유는 무엇일까? 계획을 잘게 쪼개 일을 해서 성공해본 경험이 없기 때문이다. 머리로만 아는 것과 실제로 경험하는 것에는 결정적인 차이가 있다. 바로 성공했을 때 느끼는 '감정적 경험'이 없다는 것이다. 두말할 것도 없이 성공은 우리에게 즐거운 감정을 불러일으킨다. 이때 두뇌의 보상회로가 작동하는데, 이 회로에서 도파민이 많이 나온다. 우리 두뇌는 이 회로가 작동할수록 즐거움을 느끼므로 자꾸 같은 행동을 반복하려 한다(이것이 성공의 경험이면 좋지만 술이나 마약과 같은 약물인 경우도 있다).

도파민으로 우리 뇌에 각인된 성공의 경험이 있다면, 그때의 기억을 떠올리면서 다른 공부나 일을 할 때도 계획을 세분화해서 실천할 것이다. 반대로 성공의 경험이 없다면 두뇌 역시 이런 행동을 하려는 경향이 현저히 떨어지고, 다른 힘 즉 유혹에 굴복할 가능성이 커지는 것이다.

잘게 쪼갠 계획의 실행력을 높이는 메모 습관

칸트가 살던 시절에는 책이 귀했기 때문에 그는 늘 필사본을 따로 만들었다. 책을 베껴서 자신만을 위한 참고서로 만드는 것이다. 칸트는 필사본을 만들 때 항상 백색 간지를 넣어서 철을 했고, 행과 행 사이의 간격을 넓게 잡고 가장자리도 많이 비워두었다고 한다. 그 빈 공간에 자신의 생각을 정리해 메모하면서 꼼꼼히 채워나간 것이다. 자신의 생각과 책의 내용이 다를 경우에는 그것을 몇 단계로 나누어 비판하기도 했다. 그는 이렇게 기존의 책에다 자신의 생각을 덧붙여가며 이론을 완성시켜나갔다. 이것은 그의 십수 년에 걸친 연구 실적의 바탕이 되었고, 그의 장기적인 계획이 성공적으로 완성될 수 있도록 이끈 원동력이었다. 이는 최고의 공부법이라고 할 수 있다.

칸트의 메모 습관이 지닌 가장 큰 특징은 자신의 생각을 정리했다는 점이다. 누락된 정보나 지식을 추가한 것이 아니라, 내용을 요약하거나 재해석해 자신만의 언어로 재가공한 내용을 메모했고, 그것이 모여 체계를 갖추고 확장되면서 자신의 이론으로 발전된 것이다. 이것은 우리 두뇌가 정보를 가장 잘 조직화(organize)하는 방법이기도 하다.

쉽게 설명하자면, 자신만의 언어로 정리할 때 우리 뇌는 이것이 기존의 지식과 비슷한 점은 무엇이고 다른 점은 무엇인지 분별하

현대인들은 어떻게 공부해야 하는가

게 되고, 핵심이 무엇인지도 알게 된다. 그리고 이것을 기억하기에 좋은 실마리도 만든다. 이렇게 해야 지식이 종이 위에 있지 않고 내 머릿속에 있게 되는 것이다.

학교 다닐 때 시험공부를 하면서 노트필기 잘하는 친구의 노트를 빌려본 적이 있을 것이다. 그런데 막상 시험을 볼 때는 그 친구의 잘 정리된 노트로 공부한 부분보다 지저분한 내 노트로 공부한 부분이 이해도 잘 되고 기억도 더 잘 났던 경험도 있을 것이다. 다른 사람의 노트를 빌리더라도 그것을 나름대로 재가공해서 공부했다면 모를까, 그저 친구의 필기 내용을 외우려고만 했다가는 시험을 망치기 십상이다. 나는 학생들에게 항상 이렇게 말한다. "수업시간에 졸지만 않았다면, 아무리 정리가 잘 안 되었어도 자신의 노트로 공부하세요. 친구의 노트는 빠진 게 없는 지를 확인하는 정도로만 참고해야 합니다."

칸트의 메모 습관에서 배울 또 한 가지는, 자신의 생각을 '디테일하게' 정리해야 한다는 것이다. 칸트처럼 장기간에 걸친 계획을 가지고 있는 사람들, 그 정도는 아니더라도 오랜 시간 계획을 세워서 일을 해야 하는 사람들은 세부적인 내용들을 모두 챙기기가 쉽지 않다. 과거의 경험에서 얻은 통찰을 일일이 기억하기도 어렵다. 이때 칸트 식의 메모, 즉 자신의 생각과 느낀 점 등을 디테일하게 적는 메모를 하면 계획 실행에 있어서 일관성을 유지할 수 있다.

딱 10퍼센트만 미리 해놓기 훈련

물론 장기간의 계획을 세우고 그것을 잘게 쪼개서 수행해나가는 것이 쉬운 일은 아니다. 이럴 때 효과적인 방법이 무조건 '10퍼센트 미리 해놓기'이다. 공부든 일이든 일단 10분의 1만 미리 하자. 그리고 꼭 쉬어야 한다. 이것이 10퍼센트 미리 하기의 핵심이다.

10퍼센트를 정하기 위해서는 해야 할 일의 큰 그림을 그리고 얼마나 걸릴지 예측해보아야 한다. 이때 두 가지를 해야 하는데, 첫 번째는 전체 시간에 대한 예상이다. 이 예상은 꼭 정확할 필요가 없고 사실 정확할 수도 없다. 그러나 이렇게 예상을 하다 보면 예측 불가능한 부분이 무엇인지, 어떤 데이터가 있어야 할지 알 수 있다. 소위 '시간 결정 구간(time-limit period)'이다. 두 번째는 바로 이 구간의 소요 시간을 대략 계산해보는 것이다. 이렇게 어림잡은 후 그 10퍼센트만 미리 해놓으면 전체 시간이 얼마나 걸릴지 좀 더 정확하게 예측할 수 있다.

며칠 전 딸아이가 수학학원의 숙제가 너무 많다며 부담스러워했다. 모두 30페이지나 된다는 것이다.

"그럼 전부 다 하는 데 얼마나 걸려?"

"모르지. 해봐야 알지."

"한 페이지를 다 푸는 데 걸리는 시간을 알면 금방 계산이 되지 않아?"

현대인들은 어떻게 공부해야 하는가

"여기 심화 부분은 어렵단 말이야. 풀어보기 전에는 얼마나 걸릴지 알 수 없어. 나머지는 한 페이지 하는 데 5분이면 되지만……."

"그래? 그럼 그 심화 문제 중에서 10분의 1만 풀어보면 예측할 수 있지 않을까?"

"그럴까?"

일단 숙제하는 데 시간이 얼마나 걸릴지 알아보자는 마음으로 어려운 문제를 풀기 시작한 딸은 내가 잠깐 한눈판 사이에도 열심히 문제를 풀고 있었다.

"그래 얼마나 걸리던?"

"생각보다 오래 안 걸려. 30분 지났는데 거의 반은 푼 거 같아."

딸의 얼굴엔 수학 숙제에 대한 부담감이 사라져 있었고 목소리에서도 자신감이 느껴졌다.

이때 나는 잠깐 문제풀이를 쉬게 한 후 전체적인 시간 계산을 해보게 했다. 불확실한 구간을 좀 더 확실하게 만든 후의 계산은 더 구체적이고 사실에 가깝게 느껴진다. 이렇게 하고 나면 시간을 어떻게 배분할지도 더 분명해진다.

또 한 가지 좋은 점은, 이렇게 쉬는 동안 우리 뇌는 10분의 1을 하면서 얻은 정보로 여러 가지 전략을 짠다는 것이다. 꼭 그 일을 붙잡고 있지 않더라도, 지금은 더 급한 일을 하더라도, 아니면 잠시 쉬더라도, 우리 뇌는 은연중에 '이런 식으로 해보면 좋겠다', '저것들을 더 봐야겠네', '그 사람에게 도움을 얻어야겠다' 등의 세부 전략을 세우게 된다. 무엇보다 이런 '계산'이 서면 불안감이 훨씬 줄어들고 과제에 집중할 수 있는 힘이 강해진다. 그리고 지금이 놀 때인지, 이 일을 할 때인지 좀 더 명확한 판단을 하게 된다. 마무리하는 데 필요한 시간이 총 열두 시간이고 3일 후가 마감이라면, 나는 이 일에 하루 네 시간씩은 투자해야 한다. 따라서 지금은 놀 때가 아니라는 명확한 근거가 생겨서 스스로 동력을 얻게 되는 것이다.

그리고 10퍼센트를 먼저 해놓으면 계획에 성공할 수 있다는 자신감도 얻을 수 있다. 어린 시절에 읽은 〈토끼와 거북이〉 이야기는 자신감에 넘쳐 나태해져서는 안 된다는 교훈을 준다. 하지만 동일한 시간 동안 자신이 간 거리와 남은 거리, 상대방의 속도를 생각한 다음 잠시 쉬겠다고 판단했다면 그것은 결코 비난할 일이 아니다. 우리는 한 번에 여러 가지 일을 해야 하고, 끊임없이 해야 할 일들이 나타난다. 거북이처럼 항상 같은 속도로 최선을 다해서 일을 해야 한다는 강박관념에 빠져서는 안 된다.

칸트의 삶도 그렇지 않았다. 다른 사람과 교유하는 일도 중요하게 생각했고, 그런 자리에서는 누구보다도 유머 있고 즐거운 사람이었다. 똑같은 목표를 가지고 공부를 해도, 늘 초조하고 불안에 쫓기는 사람이 있고, 여유 있게 주위를 둘러봐가면서 긍정적인 마음으로 하는 사람도 있다. 그 차이는 바로 '10퍼센트 먼저 해놓기'에서 생긴다. 이 여유가 결국 사고전환 능력을 발휘할 수 있게 한다. 공부든 일이든 늘 쫓기면서 하면 조급해지기 때문에 불안할 수밖에 없고 스트레스가 심해진다. 당연히 상황에 따라 사고를 전환할 수 있는 능력은 꿈도 꿀 수 없게 된다.

도덕 교육이 기반되어야 사고전환 능력을 가질 수 있다

대철학자 칸트가 가장 중요시한 것이 인성 교육이다. 그중에서도 이성의 고양을 위한 교육을 강조했다. 자신의 인격성, 인간으로서의 존엄성을 완성하는 수단으로서의 교육을 중요시한 것이다.

'인격성을 완성한다'는 것은 무슨 의미일까? 그것은 무엇이 옳은지를 이성의 기준에 따라 스스로 판단할 줄 알고, 판단하는 데서 그치는 것이 아니라 자신의 의지에 따라 옳은 일을 행할 수 있는 사람이 되는 것이다.

칸트가 말한 도덕 교육은 넓은 의미에서 문화 교육이었다. 여기에는 광범위한 학문 및 예술도 포함된다. 사회문제뿐 아니라 인간 및 우주의 근원적인 문제에 이르기까지, 폭넓은 분야의 지식을 섭취하며 사고 능력을 키우는 일은 무엇이 옳은가를 생각하는 데도 도움이 된다. 사물의 이치를 정확히 인식함으로써 세상의 일에 올바로 대처할 수 있다는 것이다.

책상에 앉아서 공부만 하고 있으면

예의범절도, 사람을 존중하는 감정도 없어지기 쉽다.
진리를 논하는 자신에게 도취될 수 있을지는 몰라도
행동으로 옮기지 못하고 끝나는 경향이 있다.
_ '아름다움과 숭고함의 감정에 대한 고찰', 『칸트의 말』(삼호미디어)

　매일 산책을 하고 사교모임을 즐겼던 칸트는 학문과 자기관리
면에서는 누구도 따르지 못할 엄격함을 지닌 사람이었지만, 마음속
에서는 어떤 억압이나 강제도 용납하지 않았다. 예술과 문화에 대
한 남다른 애정과 인간에 대한 겸허한 자세가 있었기에 그는 '사고
전환 능력'이라는 유연성까지 갖게 되었을 것이다.

현대인들은 어떻게 공부해야 하는가

율곡 이이의
마인드세트 공부법

율곡은 '배우기 전에 먼저 그 뜻을 세우라'라고 했다.
성장형 마인드세트를 키우기 위해서라도
무엇을 위한 공부인지 스스로 확실히 알고 있어야 한다.

어느 날, 공자가 말했다.

"이제, 내가 말을 하지 않으려 한다."

제자가 물었다.

"선생님께서 말씀을 하시지 않으면, 저희들은 무엇을 받들어 행해야 합니까?"

공자가 답하길,

"사계절이 바뀌고 여러 사물이 태어나 자라는데 하늘이 무슨 말을 하더냐."

공자가 제자에게 '말'에 대한 가르침을 주는 대목이다. 공자뿐 아니라 동서고금의 성현들도 말을 경계해야 함을 강조해왔다. 우리나라 18대 명현(名賢) 가운데 한 사람인 율곡 이이(栗谷 李珥)도 조선조 제왕학의 교본인 『성학집요』에서 '말'에 대한 주의를 강조하고 있다. "마땅히 말을 조심해야 한다. 이지러지고 흠이 난 구슬은 갈고 닦아서 오히려 반들반들하게 할 수 있지만, 말은 한번 잘못하면 건질 수 없고, 나를 위하여 혀를 붙잡아줄 사람도 없다. 그래서 말은 나 자신에게서 나오며 실수하기 쉽기 때문에 늘 엄하게 단속하여 제멋대로 나오지 않도록 해야 한다."

공자와 율곡 모두 왜 이토록 말을 경계해야 한다고 강조했을까? 단순히 실언을 경계하라는 의미 같지는 않다. 그것은 바로 공부와 직결된다. 말을 극도로 조심하고, 매순간 말실수를 하지 않기 위해 주의한다는 것은 바로 철저하게 자신을 경계해야 가능한 일이기 때문이다. 그것은 공부를 잘하기 위한 방법 중 하나인 '자기경계법'이다.

특히 율곡이 말을 경계한 것은 말에서부터 시작되는 습관과 태도를 경계했다고 보는 것이 더 옳은 해석일 것이다. 말이 행동을 결정하고, 행동이 습관을 결정하고, 습관이 인생을 결정하기 때문이다. 율곡의 「자경문(自警文)」을 보면 이러한 가르침이 더 구체적으로 드러나 있다.

공부를 하려면 먼저 스스로를 경계하라

율곡의 「자경문」은 아무리 시대가 바뀌고 세월이 흘렀어도 변함없이 우리 삶의 훌륭한 지침이 될 수 있는 내용이다. 간단히 정리해 보면 아래와 같다.

1. 입지(立志): 성인을 본보기로 삼고, 그만큼 큰 뜻을 가질 것.

2. 과언(寡言): 말을 줄여서 마음을 안정시킬 것.

3. 정심(定心): 잡념과 망상을 없애고, 계속 공부해서 마음을 고요하게 할 것.

4. 근독(謹獨): 모든 악은 혼자 있을 때 마음에서 생겨나므로, 항상 경계하고 삼가는 마음을 가질 것.

5. 독서(讀書): 글을 읽는 까닭은 옳고 그름을 분별해서 일을 합당하게 처리하기 위한 것임을 잊지 말 것.

6. 소제욕심(掃除慾心): 재물과 영화에 대한 욕심을 없애고, 일을 편리하게 해치워버리려는 마음을 없앨 것.

7. 진성(盡誠): 할 일은 정성을 다해서 하고, 해서는 안 될 일은 딱 끊어버릴 것.

8. 정의지심(正義之心): 단 한 가지의 불의나 단 한 사람의 희생이라도 있다면, 천하를 얻는 것도 안 된다는 생각을 가질 것.

9. 감화(感化): 다른 사람을 선하게 변화시키지 못하는 것은 나의 성의

가 부족하기 때문이라고 여길 것.

10. 수면(睡眠): 밤에 잠을 자거나 몸에 질병이 있는 경우가 아니면 눕지 말 것.

11. 용공지효(用功之效): 공부는 늦추어도 안 되고 성급하게 해서도 안 되고, 평생 꾸준히 해나갈 것.

이 글을 청소년이나 성인들에게 보여주면 정말 고리타분한 잔소리라고 생각할지도 모른다. 그러나 이것은 삶과 공부에 대한 '태도'를 강조하는 것이다. 첫 번째 항목인 '입지'를 보자. 무릇 공부를 하는 사람은 성인을 본받고 그 큰 뜻을 마음에 담아야 한다고 말한다. 그다음에 이어지는 항목들도 공부를 할 때 어떤 태도를 가져야 하는지 강조하고 있다. 5항 '독서'부터 8항 '정의지심'까지는 성공을 추구할 때의 태도에 대해, 9항 '감화'부터 11항 '용공지효'는 평생 어떤 태도로 살아가야 하는지에 대해 말하고 있다.

이 태도는 '마인드세트(mindset)'와도 일맥상통한다. 마인드세트는 사물을 보는 방식, 마음가짐을 뜻한다. 우리말로 바꾼다면 '습관이 된 태도' 정도가 될 것이다. 특히 공부와 관련한 태도가 '마인드세트'와 깊은 연관이 있다.

스탠퍼드대학의 유명한 심리학자인 캐럴 드웩(Carol Dweck)은 초등학교 학생들을 대상으로 한 실험을 통해 마인드세트의 중요성을 구체적으로 보여주었다. 드웩 교수는 노력 자체를 칭찬받은 아이는

'성장형 마인드세트(growth mindset)'를 갖춰서 차츰 여러 가지 능력을 계발하지만, 똑똑하다는 칭찬을 받은 아이는 현재에 안주하는 '고착형 마인드세트(fixed mindset)'를 갖게 되어 더 이상 노력하지 않을 확률이 높다고 했다.

즉, 중단 없이 꾸준히 성장하기 위해서는 자신의 마음속에 은연중에 자리 잡고 있는 고정적이고 한계를 규정짓는 '고착형 마인드세트'를 버리고, 자신을 꾸준히 성장시킬 수 있는 '성장형 마인드세트'를 가져야 한다는 것이다.

이것은 율곡의 「자경문」 중 11항 '용공지효'와 그 맥락을 같이한다. 다른 항목들도 마인드세트에 관한 것이라 할 수 있다. 구절 하나하나가 결국 철저하게 자신을 관리하고 나쁜 습관을 경계해서 자신을 지켜내라는 내용으로, 결국 태도에 관한 가르침인 것이다. 율곡이 어려운 환경 속에서도 평생 엄청난 양의 독서를 하고, 글을 쓰고, 일을 할 수 있었던 것은 이런 삶의 태도를 갖고 늘 경계를 늦추지 않았기 때문이다.

똑같은 능력을 가지고 있어도, 똑같은 시간 동안 책상 앞에 앉아 있어도, 사람에 따라 성적도 다르고 일의 성과도 다르다. 이것은 공부에 대한, 일에 대한 마인드세트가 다르기 때문이다. 누군가가 억지로 시켜서 책상 앞에 앉아 있으면 공부가 재미있을 리 없고, 성적을 올리기도 어렵다. 마감에 임박해서 어쩔 수 없이 야근하면서 어쨌든 해치워버리자고 생각하면 일이 재미있을 리 없고, 좋은 성과를 얻기도 어렵다.

나와 똑같이 공부하고 똑같이 일하는데도 성적이 더 좋고 일에 대한 평가가 더 높다면, 대개는 그 사람이 나보다 머리가 좋거나 능력이 출중하다고 생각하기 쉽지만 사실은 그렇지 않다. 연구에 따르면, 지능이 성적에 미치는 영향은 15~20퍼센트 정도라고 한다. 그렇다면 나머지 요인은 무엇일까? 성공에 관련된 심리를 연구하는 학자들은 그것을 바로 마인드세트, 즉 태도라고 말한다.

성장형 마인드세트를 키우는 공부법

학문을 하지 않은 사람은 마음이 막히고 식견이 어둡게 마련이다. 따라서 사람은 반드시 글을 읽고 이치를 궁리해서 자신이 마땅히 가야할 길을 밝혀야 한다. 그런 뒤에야 조예가 깊어지고 행동도 올바르게된다. 그런데 지금 사람들은 학문이 날마다 행동하는 데에 있음을 알지 못하고 까마득히 높고 멀어서 보통사람은 하지 못한다는 공연한생각을 한다. 그래서 학문을 남에게 미루고 자신은 이로써 만족하니어찌 슬픈 일이 아니겠는가?
_ '서문', 『격몽요결』

율곡은 '자신이 마땅히 가야 할 길을 밝히기 위해' 공부를 해야 한다고 했다. 이것은 오늘날의 각박한 현실에 비추어보면 그저 학자로서의 조언일 뿐이라고 생각할 수도 있다. 그러나 조금만 더 깊게 생각해보면 우리 삶에 대해서 이보다 더 실질적인 조언도 없다. 필자의 클리닉을 찾아오는 수험생이나 직장인들과 이야기를 나누다 보면, 율곡의 공부에 대한 이 조언은 참으로 적확하다는 생각이 든다.

나에게 상담을 하러 오는 학생들 중에는 학원도 열심히 다니고 숙제도 다 해가는데 영 성적이 오르지 않아서 고민하는 아이들이 있다. 그중 고등학교 1학년 태현이는 성실해 보이는 첫인상과는 달리 스스로 자신이 성실하지 않다고 말했다.

"게임을 하거나 그런 건 아닌데, 공부하다가 멍하니 있는 시간이 많아요. 제가 생각해도 성실하게 공부하는 것 같지는 않아요."

나는 태현이에게 "왜 그렇게 멍하게 있나요?" 하고 물었다. 그랬더니 그냥 '이렇게 해서 성적이 오를까? 부모님이 원하는 대학에 갈 수 있을까?' 등 이런저런 생각을 하게 된다고 했다. 그리고 음악을 들으며 공부할 때가 많은데, 어느 순간 음악만 듣고 있게 된다는 것이었다.

그래서 성적이 올라가면 어느 대학에서 무슨 공부를 하고 싶으냐고 물었더니, '스카이(서울대, 고려대, 연세대)'에만 들어가면 된다고 대답했다. 그 외 다른 목표는 없다고 했다.

태현이는 '큰 목표'가 없었다. 즉, 공부를 해서 이루고 싶은 꿈이 없었다. 그저 일류대 진학이 목표였다. 그것도 스스로 정한 목표도 아니다. 그렇다 보니 마음은 늘 불안하고 조급해져서 공부하는 과정에 집중하지 못하고 입시 결과와 관련된 공상을 하게 된 것이다. 공부는 자신의 꿈을 이루기 위해 필요하다기보다 남의 시선과 부모의 요구에 의해 해야 하는 것일 뿐이었다. 그러니 능동적인 공부가 될 수 없었던 것이다.

　이런 식의 공부는 좋은 성적을 낼 수도 없을뿐더러 장기적으로 자기 성장을 위해서도 도움이 되지 않는다. 내가 공부해야 하는 이유를 스스로 정하고, 공부하는 태도에 어떤 문제점은 없는지 계속 점검해나가야 당장의 입시에서 좋은 성과를 낼 수 있을 뿐 아니라 장기적으로도 '성장형 마인드세트'를 가질 수 있다. 자신이 진짜 하고 싶은 것, 즉 공부를 해야 하는 이유를 찾으면 공부에 대한 태도도 점차 바뀌고, 나쁜 습관을 스스로 경계하게 된다. 게다가 '이 정도 하면 되겠지' 하는 자기 한계에도 빠지지 않고 지속적으로 노력하게 된다. 이것이 바로 율곡이 「자경문」에서 강조한 것이다.

> 과거공부를 하는 사람들은 과거시험에 합격할지 실패할지에 얽매여, 마음이 움직이기 때문에 항상 초조하고 조급해져서 몸으로 하는 일을 하는 것보다 못한 상태가 된다.
> _ '처세', 『격몽요결』

『격몽요결』의 이 부분을 보면 조선시대에도 '시험울렁증'은 있었구나 하는 생각이 든다. 뿐만 아니라 구절구절이 놀랍고 신기하게 느껴질 정도로 학습클리닉에서 진행하고 있는 치료 단계와 맞아떨어진다. 학습에 어려움을 느끼는 수험생일수록 시간을 쓸데없는 데 허비해 초조하고 불안한 심리상태를 보인다. 시험공포증에 시달릴 가능성도 높다.

태현이도 시험을 보면 머릿속이 하얗게 되어 평소 자기 실력보다 훨씬 못한 점수를 받아왔다. 자신만의 꿈이 없고 일단 좋은 대학에 가고 보자는 생각을 하는 친구들일수록 이런 경험을 많이 한다.

"좋은 대학을 못 간다고 생각하면, 그다음 제 인생은 깜깜해요. 어떤 길이 있는지도 모르겠어요. 그냥 실패자, 낙오자가 될 것 같아요."

그러니 시험이 얼마나 떨리겠는가? 시험을 준비할 때에도 마음만 조급해져서 갈팡질팡하게 되고, 이 내용이 시험에 나올지 안 나올지에만 주의를 집중하게 된다.

반면 자신이 정말 이루고 싶은 꿈이 있고, 그 꿈에 도달하기 위해 열심히 공부한다는 태도를 갖고 있는 친구들은 그렇게 절박하게 매달리지 않는다. 조금 돌아가더라도 자신의 꿈을 이루는 것이 가장 중요하다는 생각을 갖고 있기 때문에 오히려 침착하고 여유로운 심리상태를 유지할 수 있고, 양이나 질적인 면에서 더 높은 공부를 하게 된다. 그리고 시험에 대한 긴장감도 상대적으로 덜하니 결과도 좋다.

업무에서도 마찬가지다. 지금 내가 작성하는 보고서가 나의 퇴근을 방해할 뿐이고 승진이나 인사고과에도 별 도움이 안 된다는 소극적인 태도로 일한다면, 가능한 한 빨리 그리고 어떻게든 지적당하지 않을 정도로만 작성하는 데 몰두할 것이다. 그러다 보면 알맹이 없는 보고서가 되거나 누가 해도 똑같은 결과가 나올 뿐이다. 회사에 도움이 되지 않을뿐더러 장기적으로 나의 능력 계발에도 전혀 도움이 되지 않는다.

공부할 때는 마음가짐만큼이나 환경이 중요하다

요즘 카페에 가면 청소년들이 공부하고 있는 모습을 자주 보게 된다. 음악이 흐르고 사람들의 대화 소리가 들리는데도 몇 시간씩 앉아 공부하는 학생들이 많다. 심지어 카페 소음이 공부에 도움이 된다는 신문기사까지 본 적이 있다.

그렇다면 이렇게 사람들이 오가고 온갖 소음이 이어지는 카페에서 공부할 때의 학습 효과는 어떨까? 율곡은 책을 읽을 때면 '반듯하게 손을 마주잡고 집중해서 마치 도를 닦듯이' 읽으라고 했는데, 오늘날에는 전혀 해당되지 않는 말씀일까?

청소년들에게 물어보니, 커피전문점이나 카페에서 공부를 하면 더 잘된다고 했다. 만일 그 시간에 집이나 독서실에 있었다면, 틀림

없이 공부를 덜 하고 잠을 자거나 친구들과 놀러 나갔을 텐데, 카페에 있으면 그나마 책을 보기 때문이란다.

물론 카페에서의 소음은 우리 뇌에 예상치 못한 자극들을 준다. 사람들의 움직임과 대화하는 소리와 음악은 우리 뇌가 '지루하다'고 느낄 틈을 주지 않는다. 뇌가 지루함을 인식하지 못하기 때문에 지금 하고 있는 공부가 지루하다고도 느끼지 못해서 계속 앉아 있을 수 있는 것이다. 우리 뇌는 지루함을 느끼면 자극을 찾아서 움직이거나 아예 잠들어버리는데, 카페의 소음은 일종의 '뇌를 속이는 역할'을 하는 것이다.

그러나 이 이야기의 시작점에는 '공부는 지루한 것이며 어쩔 수 없이 해야 하는 것'이라는 전제가 깔려 있다. 그런데 만일 수학 공식을 이해하고, 과학의 개념을 이해하는 것이 목적이라면 '지루하다, 아니다'의 문제가 아니라 '내가 집중할 수 있느냐, 아니냐'의 문제가 될 것이다. 실제로 카페에서 아주 어렵고 복잡한 공부나 일이 더 잘된다고 하는 이들은 거의 없다.

카페에서 공부하는 학생이나 일을 하는 직장인 역시 단순하고 지루하다고 느끼는 과목이나 작업을 그곳에서 한다. 그렇기 때문에 카페에서 공부하거나 일하는 습관을 들이면 조용히 깊이 생각하고 몰두해서 공부하거나 일하는 태도는 길러지지 않는다. 내가 공부를 통해 무엇인가를 깨닫고 이해하고 내 것으로 완전히 만들어야 할 때에는 율곡의 이 말씀을 새겨두어야 한다.

글을 읽는 자는 반드시 단정하게 손을 마주잡고 반듯하게 앉아서 공
손히 책을 앞에 펴놓는다. 마음을 집중하고 뜻을 모아 정밀하게 생각
하고 오래 읽어 그 행할 바를 깊이 생각해야 한다.

_ '독서', 『격몽요결』

배우기 전에 먼저 뜻을 세워야 한다

율곡은 공부의 쓸모를 생각하지 않는 조선시대 선비들의 공부
방식을 싫어했다고 한다. 과거시험에도 수차례 합격한 율곡이지만,
정치를 제대로 하기 위한 실질적인 방법을 찾지 못하는 지식을 쌓
는 것은 쓸모없는 일이라고 생각한 것이다.

율곡의 생각을 오늘날 우리의 삶에 비추어보면 답이 나온다. 요
즘은 입시도 취업도 어렵다 보니, 늘 독서실이나 도서관에서 책을
끼고 앉아 시간을 보내는 청년들이 많다. 그런데 가만히 보면 공부
를 하는 것인지, 공부를 핑계로 시간을 때우는 것인지 알 수 없는
경우가 있다.

공부가 도피의 수단인 경우도 있다. 대학 졸업 후 취직이 안 된
다고 대학원에 가는 이들이 종종 있다. 대학생도 마찬가지다. 내가
만난 대학생 재윤이는 외국에서 대학을 다니다가 학사경고를 두
번 받고 귀국한 상황이었다. 학사경고를 받은 사연을 들어보니, 선

배와 친구들이 학점 따기 쉽다고 해서 신청한 과목의 수업을 막상 들어보니 너무 힘들어서 포기했다는 것이었다. 공부를 하는 이유와 목표가 없으면 최소한의 노력으로 최대의 효과를 얻고 싶은 마음만 앞서게 된다. 그러다 보면 기본을 잊어버리고 판단을 잘못해 큰 대가를 치르기도 한다. 젊은 날의 고생이야 훗날 좋은 경험과 자산이 된다고들 하지만, 잘못된 삶의 태도로 인한 대가는 반드시 치르게 마련이다.

막연히 공부에만 매달릴 것이 아니라, '배우기 전에 먼저 그 뜻을 세우라'는 율곡의 말씀을 귀담아들어야 할 때이다. 우선 이 공부가 무엇을 위한 것인지를 스스로 확실히 알아야 한다. 그러고 나서 구체적으로 올해의 목표, 이달의 목표, 이번 주의 목표, 오늘의 목표를 세워서 꾸준히 공부하는 태도를 키운다면 학창시절뿐 아니라 인생에 있어서도 능동적인 삶을 살 수 있을 것이다.

파브르의
감정이입 공부법

파브르를 비롯해 자신의 영역에서 위대한 업적을 남긴
이들의 공통점은 '관찰에서 출발한 공부법'에 있다.
관찰 능력은 주의력과 집중력을 높여준다.
짧은 순간에도 많은 것을 '보고', '기억하고', '활용할 수 있게' 해준다.

몇 달이 지나 나의 꿈은 현실이 되었다. 오리가 무려 스물네 마리나 된 것이다. 이것들을 부화시킨 것은 우리집의 살집 좋은 까만 암탉과 이웃집 아주머니가 빌려준 암탉이었다. 새끼오리들을 키우는 데는 우리집 암탉 한 마리면 충분했다. 이 암탉은 아주 세심하게 양자로 들어온 새끼오리들을 보살폈다. 모든 것은 뜻대로 진행되었다. 손가락 두 마디 정도의 깊이로 물을 담은 함지박이 오리들의 연못으로 쓰였다. 햇볕이 좋은 날이면 새끼오리들은 함지박에서 헤엄을 치고 암탉은 근심스럽게 지켜보았다.

_『파브르 평전』(청년사)

소년 파브르는 19세기 프랑스 남부의 여느 가난한 평민 집안의 아이들처럼 집안일을 하면서 부모님을 도왔다. 그가 맡은 최초의 일거리는 오리 키우기였다. 오리를 지키고 물가까지 몰고 가는 일이 파브르의 몫이었다. 하지만 파브르에게 있어 그 일은 동물을 매일 관찰할 수 있는 경이로운 경험이었다. 그것은 훗날 세계 과학계에 놀라운 기록을 남긴 대학자 장 앙리 파브르(Jean Henri Fabre)를 키운 시간들이었던 것이다.

관찰은 모든 업적의 시작이다

"자네는 사물을 보기만 하고 관찰은 하지 않는군. 본다는 것과 관찰한다는 것은 크게 다른 거야."

명탐정 셜록 홈스가 남긴 명대사 중 하나다. '보는 것'과 '관찰하는 것'이 다른 이유는 많겠지만, 시간도 그중 하나일 것이다. 얼마나 오래 끈기 있게 계속 지켜볼 수 있는가의 차이가 '관찰'의 결과를 다르게 만들어낼 수 있다.

'곤충학자의 대명사' 파브르의 관찰력은 남달랐다. 마르틴 아우어가 쓴 파브르의 전기를 보면 그의 관찰력이 얼마나 놀라웠는지 잘 알 수 있다.

현대인들은 어떻게 공부해야 하는가

프랑스 남부의 짙푸른 하늘 아래 온몸이 타들어갈 정도로 뜨거운 한낮의 태양이 이글거린다. 몸집이 작은 한 노인이 건조한 기후로 딱딱하게 굳은 밭두렁 위에 엎드려 있다. 챙이 넓은 검은색 모직 모자만이 무자비한 태양으로부터 그의 머리를 보호해주고 있을 뿐이다. 그러나 노인은 바짝 엎드린 자세로 끈기 있게 모래 속에 집을 짓고 사는 구멍벌을 관찰하고 있다. (⋯⋯)

구멍벌은 구멍을 파면서 나온 흙을 앞다리로 밀어올린다. 작은 돌멩이가 너무 무거워 밀어올리기 힘들 때면, 굴 깊은 곳에서 박박 긁는 듯한 소리가 난다. 너무 힘이 들어서 벌이 온몸을 파르르 떠는 소리다. 구멍벌은 부지런히 파낸 흙을 입에 물고 양지바른 곳으로 나와 보금자리에서 조금 떨어진 곳에 떨어뜨린다. 그러나 작은 돌멩이 중에 납작하면서 크기가 적당한 것들은 버리지 않고 굴 입구 바로 옆에 내려놓는다.

노인은 끈기 있게 기다린다. 양복 주머니에서 사과를 꺼내 먹으며 벌집이 완성되는 과정을 계속해서 관찰한다.

-『파브르 평전』(청년사)

뜨거운 태양 아래 몇 시간씩 길에 엎드려 벌을 관찰하고 있는 파브르의 모습이다. 참으로 경탄스러운 장면이다. 평생에 걸쳐 곤충에 대한 기록을 남긴 파브르의 업적은 이처럼 오랫동안 끈질기게 대상에 집중해서 관찰한 결과물이다.

어찌 보면 무식해 보이기까지 하는 이런 행동이 대학자의 공부법과 무슨 연관이 있을까 의문을 가질 수도 있겠다. 그러나 관찰은 우리 뇌에 정보가 입력되고 출력되는 과정에 결정적인 영향을 미친다. UCLA의 개리 스몰(Gary Small) 박사와 연구진은 치매를 극복하기 위한 기억력 강화법을 설명하면서, 기억의 첫 단계로 '잘 관찰하기'를 들었다. 우리가 사물을 그저 보기만 할 때에는 뇌의 시각 영역만 자극될 뿐 기억을 담당하는 부분은 활성화되지 않는다. 우리가 본 것이 뇌에 기억되려면 반드시 관찰이라는 단계를 거쳐야 하는 것이다.

예를 들어, 우리가 오리너구리를 그저 보기만 한 후에 그것을 기억하려고 하면 흔히 '아른아른 떠오를 듯 말 듯'한 경험을 하게 된다. 그러나 시간과 주의를 기울여 관찰을 하면 '발 부분에 헤엄치기에 좋은 뭔가가 있었는데……' 하면서 오리너구리의 발 모양을 기억해낼 수 있다.

우리 뇌는 진화의 과정을 통해서 보면 공부에 최적화되어 있지 않다. 사냥을 하고 농사를 짓고 전쟁을 하고 살아남기 위해 무언가를 배우는 데 최적화되어 있을 뿐이다. 즉, 우리 뇌는 매우 새로운 것이어서 나도 모르게 눈길이 갈 정도로 호기심이 크게 생기거나 알아야 할 이유가 있어야 작동된다는 뜻이다. 그러므로 주의 깊게 관찰해야 한다. 관찰이라는 것은 내가 이것을 왜 알아야 하는지 그 이유를 지속적으로 두뇌에 전달하는 과정이기 때문이다.

관찰할 때는 그 대상에게 감정이입해야 한다

금록색 딱정벌레가 불쌍한 달팽이에게 달려온다. 달팽이의 촉각이 필사적으로 드나든다. 딱정벌레 세 마리, 네 마리, 다섯 마리가 한꺼번에 몰려와서 맨 먼저 석회질 성분의 얼룩무늬가 있는 외투막의 불룩한 곳을 먹는데, 여기가 녀석들이 좋아하는 부분이다. 어떤 녀석은 달팽이가 뿜어낸 거품 속을 강력한 큰 턱집게로 꽉 물고 잡아당긴다. 한 조각을 떼어내면 외진 곳으로 물러가 편안하게 씹어먹는다. 그러는 동안 끈적이는 점액으로 번들거리는 다리에 모래알이 달라붙어, 거추장스럽고 무거운 각반을 찬 꼴이 된다. 하지만 녀석은 그런 것에 신경 쓰지 않는다. 무거워졌고 진창에 빠진 꼴로 비틀거리며 다시 요리 재료에게 찾아와 또 한 조각을 뜯어낸다.

_『파브르곤충기 7』(현암사)

파브르가 딱정벌레와 달팽이를 한 통 안에 담아두고 오랜 기간 관찰해서 그들의 모습을 기록한 곤충기 중 일부분이다. 작은 벌레들끼리 싸우고 달라붙고 뜯어먹는 그 과정이 세밀하게 묘사되어 있는데, 읽다 보면 마치 딱정벌레나 달팽이가 서로 물고 뜯기는 세상 속에 파브르가 들어가서 또 한 명의 주인공이 되어 있는 듯하다. 그저 연구자의 입장에서 벌레들의 움직임과 변화를 객관적인 시각으로 바라보고 있는 것 같지 않다. 그는 이미 한 마리의 딱정벌레이며 불쌍한 달팽이인 것이다.

　관찰은 냉철한 과학자의 자세로 정확하게 변화를 읽어내는 정도에 그쳐서는 안 된다. 이렇듯 관찰 대상과 혼연일체가 되어 그 대상에 감정이입하고 그것의 일부분이 되어 느끼는 정도에 이르러야 한다. 눈에 보이는 것만이 아닌 내면의 변화까지 읽어내야 하는 것이다. "본질적인 것은 눈에 보이지 않고, 사람은 오로지 가슴으로만 볼 수 있다"고 한 생텍쥐페리의 말처럼 말이다.

　파브르는 이렇게 말했다. "나는 꿈에 잠길 때마다 단 몇 분만이라도 우리집 개의 뇌로 생각할 수 있기를 바랐다. 파리의 눈으로 세상을 바라볼 수 있기를 바라기도 했다. 세상의 사물들이 얼마나 다르게 보일 것인가!" 개의 뇌로 생각하고, 파리의 눈으로 세상을 바라볼 수 있기를 바랐던 파브르의 관찰에 대한 생각은 지금 현대인들이 겪고 있는 여러 가지 어려움을 해결하는 데 도움이 될 수 있다.

　이렇게 특정 대상에 감정이입을 해서 관찰하려면 어떻게 하면 좋을까? 그러기 위해서는 이야기, 즉 스토리를 만들어야 한다. 스토리가 있는 정보는 자연스럽게 감정을 불러와 우리 두뇌에 더 쉽게 각인된다. 그 이유는 우리 뇌에서 기억을 담당하는 '해마'라는 부위가 감정도 담당하기 때문이다. 딱정벌레 서너 마리가 달라붙어 잡아먹는 과정에서 달팽이는 느리게 숨는 것 외에 특별한 행동을 하지 않는다. 하지만 이 '불쌍한' 달팽이에게 '필사적'이라는 수식어를 붙이면 캐릭터가 설정된다. 딱정벌레의 캐릭터를 '비정하고 탐욕스러운'이라고 설정하면 이 장면은 훨씬 생생하게 다가온다.

시청자 입장에서 〈동물의 왕국〉이나 〈내셔널 지오그래픽〉을 보는데 성우의 내레이션이 있는 것과 없는 것은 천지차이다. 동물들에게 감정이입한 성우가 들려주는 스토리를 듣다 보면 나도 모르게 동물의 세계에 빠져들게 된다. 이때는 그저 보기만 하게 되지 않는다. 지금 보고 있는 것들이 자신이 알고 있는 것 중 무엇과 비슷한지 연상하면서 보게 된다. 그렇게 하기 위해서는 뇌의 두정엽(어떤 사물을 보고 다른 사물이나 개념을 연상거나, 외부에서 들어오는 감각들을 조합하는 통합중추)의 능력도 중요하고, 측두엽(기존의 지식과 정보들 중에서 필요한 것들을 불러내는 영역)의 기능도 중요하다. 물론 이들을 관찰하고 분석하고 평가하는 전두엽의 기능이 필요함은 두말할 것도 없다.

사물을 자세히 관찰하라는 것은 익히 들어온 말이지만 이것을 실천하기는 쉽지가 않다. 그럴 때에는 내가 보는 것으로 이야기를 만들어보자. 후에 그것이 맞는지 틀린지를 확인하기만 한다면, 그 이야기는 사실과 달라도 괜찮다.

나에게 진료를 받는 환자 가운데 강박증에 시달리는 중년 여성이 있었다. 오염에 대한 불안과 청결에 대한 강박으로 괴로워하고 있었지만 약물치료에 대해서도 두려움을 갖고 있었다. 그래서 진료를 받으러 와서도 처방약이 늘어날까 봐 괜찮다고, 좋아졌다고만 말하는 환자였다.

그런데 어느 날 진료가 지연되어 약속시간보다 20분 가까이 늦게 만나게 되었다. 그녀는 진료실에 들어와 늘 앉던 소파를 잠시 바라보더니 소파 끝에 최대한 걸치듯 앉았다. 그러고는 내가 묻기도 전에 자신이 얼마나 괜찮아졌는지 말하기 시작했다. 그러면서도 나의 진료실 구석구석의 먼지에 시선을 보내고 있었다. 순간, 정장에 하이힐을 신고 있는 그 여성의 옷차림에 구김이 하나도 없다는 점이 눈에 띄었다.

나는 자연스럽게 일어나 내 컴퓨터 앞으로 가서 접수실에 있는 직원에게 메시지를 보냈다. "홍○○님 대기실에서 앉아 계셨나요?" 곧 답이 왔다. "아니요. 10분 일찍 오셔서 30분 동안 서 있다 들어가셨어요. 앉으시라고 권해도 괜찮다고 하시며……."

이 환자의 강박증은 하나도 좋아지지 않았던 것이다. 관찰은 임상가에게(꼭 정신과의사에게만 해당되는 것은 아니다) 자신이 알고 있는 지식을 정확하게 적용할 수 있는 길을 열어준다. 나는 그 여성 환자의 옷이 구김 하나 없이 깔끔하다는 것을 느낀 순간, 그 옷은 오늘 처음 입은 옷일 확률이 높고 그 어디에도 앉지 않았을 것이라는 사실과 함께, 그녀의 강박증은 좋아지지 않았다는 것을 확인할 수 있었다.

이렇게 관찰하다 보면 그녀가 입고 온 옷의 디자인과 색깔, 신고 온 하이힐의 모양과 색깔(때로는 브랜드까지)도 기억할 수 있다.

내가 보고 있는 것을 스토리로 만들고 그것을 통해 감정을 일으킬 만큼 관찰하려면, 무엇보다 먼저 그 대상에 관심이 있어야 한다.

현대인들은 어떻게 공부해야 하는가

하기 싫은 것을 억지로 해치우듯이 건성으로 보아서는 이런 관찰을 하기가 어렵다.

창조적 공부에 있어서 관찰과 기록은 왜 중요한가

이렇게 끈질기게 관찰하고 낱낱이 기록하는 것이 오늘날 우리의 공부에 어떤 도움이 될까? 그 옛날 어떤 과학적 도구도 변변치 않던 시절에 파브르가 혼자서 시골마을에 연구실을 만들고 평생을 바쳐 곤충을 관찰한 연구 방법이 현대인들의 공부에 무슨 도움이 될까 의아할 수도 있겠지만, 모든 공부는 바로 이 관찰에서 시작됨을 알아야 한다.

관찰은 일단 수업이나 강의를 들을 때의 기본 자세다. '공신(공부의 신)'으로 통하는 어떤 학생은 수업시간에 선생님이 어떤 부분을 설명할 때 헛기침을 했다는 사실까지 다 기억해낸다고 했다. 마치 본인이 그 선생님이 된 것처럼 혼연일체가 되어 집중하다 보니 스스로 기침을 한 것처럼 착각할 정도가 된 것이다.

이런 집중은 선생님의 말씀이 자신의 머릿속에서 일정한 줄거리를 갖게 될 때 가능하다. 이 줄거리는 단지 굳은 결심이나 의지력만으로 만들어지는 것이 아니라, 관심과 궁금증이 생겨야 만들어진다. 그러니 부디 무작정 공부하려 들지는 말자.

수업 중에 머릿속으로 줄거리를 만드는 능력은 지능에서 '이해' 영역과 관련이 있다. 지금 바로 일어나는 일의 전후 맥락을 파악하는 능력이 바로 이해다. 이해력의 기초는 독서에서 시작되지만, 관찰과 토론을 통해서 배가될 수 있다.

자신의 영역에서 위대한 업적을 남긴 사람들의 공통점 중 하나가 바로 '관찰에서 출발한 공부법'이다. 파브르의 연구 방법도 관찰에서 시작해 관찰로 끝났지만, 그 외에도 남다른 관찰력으로 새로운 길을 열어간 위인들은 너무나 많다.

스페인이 낳은 세계적인 건축가 가우디도 마찬가지다. 그는 집 자체를 본 것이 아니라 나무 · 하늘 · 바람 · 구름 심지어 식물이나 곤충 등 자연의 요소들을 모두 관찰했고, 그 속에서 새로운 가능성을 모색했다고 한다. 그래서 그의 작품에는 당시의 기하학적인 형태의 건축물 스타일에서 벗어난 유려한 곡선이 많이 사용되었다. 오랜 시간 관찰한 색과 빛을 새롭게 해석해 건축물의 일부로 받아들임으로써 놀라운 작품들이 탄생한 것이다.

천재 화가 피카소는 하숙집을 옮기면 한 달 정도는 주변 환경을 스케치하는 데 시간을 보냈다고 한다. 새로운 환경을 면밀히 관찰하는 그만의 시간이었던 것이다.

그렇다면 이런 관찰력은 위인들의 업적을 논할 때만 중요한 것일까? 그렇지 않다. 현대인들의 공부나 업무에 있어서도 관찰은 가장 기본적인 것이다. 업무를 예로 들어보자. 나에게 주어진 프로젝트가 있다면, 착수하기 전에 먼저 계획을 세워야 한다. 올바른 계획을 수립하기 위해서는 먼저 프로젝트와 그것이 이루어지는 주변 환경에 대한 '관찰'이 필요하다. 이것이 제대로 되지 않으면 중요한 요소를 고려하지 못해 우선순위가 뒤바뀐 잘못된 계획이 수립되고, 그것이 실행에 옮겨질 경우 실패할 확률이 높아진다.

공부도 마찬가지다. 수업을 들을 때 그 내용으로 스토리를 만들 수 있을 정도로 면밀히 관찰하지 않으면 절대로 끝까지 집중할 수가 없다. 인간의 집중력은 그렇게 오래 유지되지 않는다. 그래서 관찰과 함께 '기록'이 병행되어야 하는 것이다. 사실 관찰을 통해 스토리가 제대로 만들어지면 기록은 쉽게 할 수 있다. 다만 이것이 몸에 배도록 습관화해야 한다. 물론 적절한 단어를 선택해 실감나게 표현할 수 있는 어휘력과 문장력이 있다면 더욱 좋을 것이다.

요즈음 강의를 하다 보면 새로운 풍속도를 볼 수 있다. 청중들의 스마트폰 사용 빈도를 보면 내 강의가 얼마나 관심을 끌고 있는지 알 수 있다. 강의 중 스마트폰을 들고 사진을 찍는 사람이 거의 없으면 그 부분은 흥미롭지 않다는 의미다. 그러다가 슬라이드 화면을 찍는 사람이 많아지면 그때는 재미있고 관심을 가질 만한 부분인 것이다. 그러면 나는 그 부분을 좀 더 집중적으로 신경 써서 강의하곤 한다.

그렇지만 내가 알고 싶고 기억하고 싶은 내용이 있다고 카메라 셔터를 누르기만 해서는 안 된다. 슬라이드에서 나만의 관심사를 찾는 관찰과 그것을 바탕으로 나만의 스토리를 만드는 노력이 우선되어야 한다. 그리고 그 스토리는 반드시 기록되어야 한다. 강연자의 슬라이드는 나의 기록이 아니다.

학생들의 경우도 마찬가지다. 교과서나 참고서를 볼 때 팔짱을 끼고 눈으로 보는 경우가 많다. 물론 연습장을 옆에 놓고 내용을 베껴쓴다고 공부가 잘되는 것도 아니다. 하지만 눈으로 보면서도 내 머릿속에서 그 내용이 어떻게 정리되는지 반드시 돌아볼 필요가 있다. 적어도 관찰력을 충분히 키우기 전까지는 자신이 관찰한 것을(공부한 것의 '스토리'를) 기록하는 연습을 해야 한다. 그 연습이 훗날 파브르처럼 유려한 문장을 쓸 수 있게 도와줄 수도 있고, 가우디처럼 한 장의 스케치에 자연을 닮은 이상향을 담을 수 있게 이끌어줄 수도 있다.

기록의 방법은 내가 어떤 공부 또는 어떤 일을 하고 있는지, 혹은 내가 청각적 두뇌를 소유하고 있는지, 시각적 두뇌를 소유하고 있는지에 따라 달라질 수 있다. 그림을 그리면 더 잘 이해되는 사람은 그림으로 기록해도 된다. 그렇지 않다면 글로 쓰는 연습을 하는게 좋다.

외국으로 연수를 다녀온 의사들이 공통적으로 하는 말이 있다. 미국이나 유럽의 학생들은 관찰 능력뿐 아니라 '기술(description)'에 강하다는 것이다. 똑같이 본 것인데도 묘사하고 비유하고 설명하는 능력이 더 뛰어나고, 그것을 차곡차곡 기록하는 습관이 몸에 배어

현대인들은 어떻게 공부해야 하는가

있다는 이야기다. 이런 관찰의 기록은 그 자체로도 정보가 되지만, 새로운 것을 발견해내거나 어려운 문제를 해결하는 새로운 해법이 될 수도 있다.

우리는 그동안 너무 정답을 고르고 맞히는 공부에만 길들여져왔다. 지금부터라도 내가 관심을 갖고 관찰한 것들을 차곡차곡 기록하는 습관을 갖도록 노력할 필요가 있다.

주의력은 관찰이 전제되어야 발휘될 수 있다

학습클리닉을 방문하는 학부모와 학생들이 가장 많이 안고 오는 문제는 바로 '주의력'이다. 부모가 자녀의 학습 부진 이유를 거기에서 찾기 때문이다. 막상 상담을 해보면 다른 원인이나 문제가 드러나지만, 그만큼 공부에 있어서 주의력은 중요한 요소이고 관심의 대상인 것이다.

주의력은 크게 세 가지 요소로 구성되어 있다. 첫째는 한 가지에 집중할 수 있는 힘이다. 우리가 흔히 말하는 집중력이 이것에 가장 가까운 개념이다. 둘째는 충동을 조절할 수 있는 힘이다. 성급하게 결정하지 않고 침착하게 심사숙고하려면 이 능력이 필요하다. 셋째가 인내력이다.

사람의 뇌는 같은 자극이 일정 시간 지속되면 그에 대한 관심이 적어지고 새로 발생하는 자극에 주의를 기울이게 된다. 주의력은 이런 자연적 성향에 대항해 자신이 원하는 곳에 원하는 시간 동안 주의를 지속시키는 힘을 말한다. 주의력은 우리의 뇌가 활동하는 데 기본적인 역할을 한다. 주의력이 적절히 갖추어지지 않으면 뇌가 아무리 우수한 자질을 갖고 있다 하더라도 제대로 작동하지 못한다.

문제는 자신이 원하는 시간 동안 주의를 지속시키는 힘을 키우려면, 근본적으로 그 대상에 대한 관심이나 흥미가 있어야 한다는 것이다. 축구를 좋아하지 않는 사람이 축구경기를 보는 데 기울일 수 있는 주의력은 축구를 좋아하는 사람의 주의력과는 다를 수밖에 없다. 파브르가 곤충에 대한 흥미가 없었다면, 광인 취급을 받아가며 그렇게 땅바닥에 엎드려 장시간 곤충을 관찰할 수 없었을 것이다.

그리고 어느 정도 흥미를 가진 대상이라면, 관찰 능력이 있을 때 주의력은 더 높아진다. 결국 관찰 능력이 장시간 동안 주의력을 유지시켜주는 힘이 되며, 짧은 순간에도 많은 것을 '보고', '기억하고', '활용할' 수 있게 해주는 것이다.

이렇게 관찰하는 데에 재미를 느끼게 되면, 주변에 보이는 것들에 더 많은 관심과 흥미를 갖게 되고, 더 많은 정보를 기억하고 활용할 수 있다. 이것이 거의 신의 경지에 오르면 바로 '셜록'이 되는 것이다.

또한 관찰을 하면서 대상에 집중하면 성급하게 결론을 내리는 실수를 범할 확률도 줄일 수 있다. 파브르가 그랬다. 그는 잘못된 지식들을 면밀히 검토하지 않은 채 베껴쓰는 관행을 따르지 않았고, 자신이 관찰하고 검토하고 생각한 것만 기록하고 말했다. 그는 자신의 동생에게도 스스로 배우고 익히는 것의 중요성을 역설하는 편지를 썼다.

> 네가 난처한 일을 당해도 섣불리 동료의 도움을 받지 마라. 다른 사람의 도움으로는 어려움을 잠시 피할 수 있을 뿐이다. 끈기와 분별력을 가지고 어려움을 극복해라. 스스로 배운 것만을 잘 알 수 있다. (……)
> 학문 연구서는 암호를 풀 듯 해독해야 하는 수수께끼이다. 누군가 너에게 열쇠를 준다면, 그 해결법만큼 쉽고 당연한 것은 없어 보일 것이다. 하지만 두 번째 문제가 닥치면, 너는 첫 번째 문제를 풀 때와는 달리 해결 능력이 없을 것이다.
> _『파브르 평전』(청년사)

파브르가 동생에게 거듭 당부했듯, 공부는 스스로 진중하게 생각하는 습관이 중요하다. 그리고 이 습관은 관찰과 집중에서 비롯된다고 해도 과언이 아니다. 더불어 스스로 관찰하고 기록한 것을 스토리로 만들 줄 안다면 공부는 더욱 재미있어질 것이다. 이런 면에서 보면 어떤 두뇌를 가지고 있는가보다는 관찰을 제대로 할 수 있는 능력을 갖고 있느냐가 공부를 통해 원하는 성과를 거둘 수 있는 관건이라 할 수 있다.

그러므로 일상생활에서도 자신이 관심을 갖고 있는 분야는 주의 깊은 관찰을 통해 정보를 수집하고 기록함으로써 자신의 것으로 만들어야 한다. 그것이 바로 스스로 배우고 익히는 진짜 공부인 것이다.

일론 머스크의
원리추론 공부법

다른 사람들의 생각에 약간의 변형을 가하는 사고법으로는
'개선'만 가능할 뿐이다.
머스크처럼 혁신적 사고를 위해서는 유추가 아닌 원리추론,
즉 '물리적 사고법'이 기반 되어야 한다.

"아이가 이따금씩 소리를 듣지 못하는 거 같아요."

정신이 딴 데 팔려 누가 말을 걸어도 잘 듣지 못하는 아들 때문에 고민하던 엄마는 급기야 병원을 찾았다. 의사는 청각에 장애가 있을지도 모르겠다고 하면서 여러 방법으로 청력검사를 한 뒤, 청력을 개선하는 방법 중 하나인 아데노이드 절제술을 하자고 제안했다. 그러나 엄마는 아들의 문제는 청각 기능보다는 정신 활동과 훨씬 관계가 깊을 거라고 생각해, '자신의 뇌로 들어가 다른 세계를 보는' 아들을 그냥 내버려두기로 했다.

때때로 사람들은 주위에서 무슨 일이 일어나든 전혀 신경 쓰지 않고 골똘히 생각에 잠겨 있는 아들을 무례하다거나 정말 이상하다고 이야기했다. 그렇지만 엄마는 초조해하지 않았다. 훗날 그 아들은 '지구상에서 가장 먼저 미래에 도착한 남자'가 되었다. 일론 머스크(Elon Musk)의 이야기다.

온라인 결제 서비스로 금융시스템에 혁명을 몰고 온 페이팔, 전기자동차를 슈퍼카로 바꾼 테슬라모터스, 민간 우주산업 시대를 연 스페이스X, 태양광 발전 업체 솔라시티…… 현재가 아닌 미래를 바꿀 혁신을 창조하는 이 회사들은 일론 머스크라는 한 남자의 도전에서 시작되었다. 그는 영화 〈아이언맨〉에서 지구를 지키기 위해 고군분투하는 주인공 토니 스타크의 실제 모델이기도 하다.

머스크의 삶은 동시대를 살아가는 이들에게 엄청난 영감을 주고 있다. 뿐만 아니라 그의 공부법 역시 사고의 새로운 프레임을 제시해준다. 우리는 그가 꿈꾸는 범우주적 문명의 비전에 감탄만 할 것이 아니라, 그 모든 질문과 탐험을 가능케 한 일론 머스크의 인문과학자적 사고에 주목할 필요가 있다.

'인생의 질문'을 찾아낸 1만 권의 독서

혁신의 메카인 실리콘밸리를 이끌어가는 인재들의 새로운 발상과 놀라운 추진력이 독서와 밀접한 연관이 있다는 사실은 잘 알려져 있다. 일론 머스크도 마찬가지다.

현대인들은 어떻게 공부해야 하는가

머스크는 어릴 때부터 책을 아주 좋아했다. 친구들이 장난감에 빠져 있을 때 그는 『반지의 제왕』 『파운데이션』 『달은 무자비한 밤의 여왕』과 같은 SF와 판타지 책에 푹 빠져 있었다.

"형은 하루에 보통 열 시간씩 책을 읽었어요. 주말이면 하루에 두 권도 읽었죠."

동생 킴벌이 말했듯이, 머스크가 어린 시절 보인 가장 특별한 점은 강한 독서열이었다. 심지어 가족이 함께 쇼핑하는 동안 혼자 슬그머니 사라진 적이 많았는데, 어머니나 동생이 그를 찾으러 가는 곳은 여지없이 가장 가까운 서점이었다. 그곳에서 머스크는 바닥에 앉아 정신없이 책을 읽고 있었다.

이 일화 외에도 전기 『일론 머스크, 미래의 설계자』에는 책과 관련된 이야기가 꽤 많다. 머스크는 학교가 끝나면 집으로 가지 않았다. 대신 서점으로 가서 부모가 귀가하는 시간까지 책을 읽었다. "이따금 서점에서 쫓겨나기도 했다"는 그는 이후엔 학교 도서관과 마을 도서관에 있는 책을 모조리 읽어버렸다. 더 이상 읽을 책이 없어지자 사서에게 책을 더 주문해달라고 조르기도 했다.

그 무렵부터 머스크는 브리태니커 백과사전을 읽기 시작했다. "우리는 자신이 무엇을 모르는지 모르잖아요? 하지만 백과사전에는 자신이 모르는 것이 낱낱이 실려 있습니다."

그의 독서 목적은 분명했다. 새로운 사실을 알거나 지식을 흡수하기 위해서였던 것이다. 특히 SF소설 등에 빠져 있던 그는 어린 나이에도 불구하고 '세계와 인류의 미래에 닥칠 문제들'이 무엇일지 끊임없이 고민했다. 이런 생각들이 훗날 그의 우주로 향한 도전에 영향을 미쳤음은 자명한 사실이다.

그는 책에서 인생의 질문을 찾아냈고, 지금의 광폭 행보는 그 질문에 대한 답을 찾는 과정이라 할 수 있다. 머스크는 한 인터뷰에서 『은하수를 여행하는 히치하이커를 위한 안내서』를 참 좋아한다고 밝혔다. 이 책은 10대의 머스크로 하여금 자신의 인생에 '어떤 질문을 던질 것인가' 고민하게 한 책이다.

"저자는 어떤 질문을 던져야 하는지 생각해내는 것이 가장 어려운 일이라고 지적합니다. 일단 질문을 결정하고 나면 대답하기는 상대적으로 쉽습니다. 어떤 질문을 해야 하는지 더욱 잘 이해하려면 인간 의식의 범위와 규모를 늘려야 한다는 결론에 이르렀습니다."

'인생', '우주', '만물'에 관한 근원적인 질문을 던지게 하는 이런 책들을 읽으면서 그는 자신의 세 가지 질문이자 꿈을 품게 되었다. 바로 '인터넷', '우주' 그리고 '청정 에너지 산업'으로의 진출이다.

일론 머스크뿐 아니라 특출한 위인들의 어린 시절에는 '책벌레' 에피소드가 상징처럼 등장한다. 그렇다면 과연 독서를 통해 무엇이 계발되고, 어떤 점이 남다르게 진보하는 것일까?

일론 머스크의 어마어마한 독서량을 생각해보면, 그 역시 세상의 모든 지식에 대한 갈망이 매우 강한 사람이었던 것 같다. 당연히 지적 호기심도 많았을 것이다. 한 가지 눈에 띄는 것은, 일론 머스크가 만 권에 가까운 책을 읽으면서 정보를 받아들인 방식이다. 그는 책 속 정보를 그 자체로 받아들일 뿐, '그러니까 세상 원리가 이렇구나' 하는 식의 어설픈 유추적 사고는 오히려 경계한 듯하다. 이런 면을 보면, 머스크는 아마도 매우 '좌뇌우세적' 사람인 것 같다. 흔히 말하는 좌뇌우세형은 논리적이고 사실에 근거한 정보를 중요하게 생각하는 유형이다. 그런데 그가 정보 하나하나를 중요하게 생각하는 스타일이었다면 그 많은 책을 통해서 쌓인 지식은 오히려 정보 공급 과잉이 되지 않았을까? 그는 어떻게 그 많은 내용을 자기만의 것으로 만들 수 있었을까?

그것은 두 가지가 가능했기 때문이다. 첫 번째는 어설픈 '유추'를 하지 않고 일일이 '점검'할 수 있는 능력을 가졌기 때문이다. 그럼으로써 오히려 책 속에 숨어 있는 진실이나 새로운 발명에 필요한 부분을 찾아낼 수 있었을 것이다.

두 번째로 그는 무엇이 중요한지를 잘 아는 '우선순위 정하기' 능력이 탁월한 것으로 보인다. '어떤 질문을 하는가가 중요하다'는 것은 수없이 많은 정보 중에서 핵심이 무엇인지를 찾으려고 노력한 결과로 얻은 깨달음이다. 질문에 따라 많은 정보들이 무의미한 쓰레기더미가 될 수도 있고, 전혀 새로운 세상을 열게 하는 원동력이 될 수도 있는 것이다.

왜 머스크는 '유추하기'를 버렸을까

일론 머스크는 아인슈타인과 정반대의 접근을 하고 있다. 아인슈타인이 '이런 것이 있어야 하지 않을까?'라는 공상에 가까운 생각에서 많은 현상들을 연구해나갔다면, 머스크는 '왜 이래야 하지?'라는 의문에서 세상의 모든 정보를 나열하고 조합한 것이다. 그런데 어떻게 이런 생각만으로 세상을 놀라게 하는 것들을 만들어낼 수 있었던 것일까?

그 단초 중 하나는 그가 스스로 '유추하기'를 버렸다고 말한 데서 찾을 수 있다. 과연 유추하는 것이 무엇이기에 이토록 놀라운 생각의 차이를 만들어낸 것일까? 유추하기는 'A=B니까 A′=B′도 맞을 것'이라고 생각하는 것이다. 예를 들면 내 여자친구는 록음악을 싫어하니까 댄스음악도 싫어할 것이라고 생각하는 것이 바로 유추다. 록음악과 댄스음악이 다 시끄럽고 템포가 빠르다는 점, 많은 사람들이 모여 있는 곳에서 듣는 경우가 많다는 등의 공통점으로 지레짐작하는 것이다.

물론 '유추하기'는 우리가 여러 가지 문제를 이해하고 해결하는 데 효율성을 높여준다. 우리 뇌가 컴퓨터보다 잘하는 것이 바로 이것이다. 스스로 학습하는 기계인 '머신러닝'도 과거의 경험(데이터)을 통해서 미래를 예측하는 기술인데, 이때 필요한 것이 유추 능력이다. 문제는 유추에는 오류의 가능성이 항상 존재한다는 것이다.

여자친구가 록음악을 싫어한다고 해서 클래식 콘서트에 같이 가자고 하면 과연 좋아할까? 어쩌면 그녀는 나와의 약속을 미루고 다른 친구들과 클럽에 갈지도 모를 일이다.

나는 대학수학능력시험을 앞둔 수험생들에게도 이런 오류를 조심하라고 당부한다. 지문을 읽고 문제를 풀 때, 그 지문에 있는 내용을 근거로 풀어야지, 내가 알고 있는 지식을 활용해서 문제의 지문을 유추하는 경우 답이 여러 가지가 되기 때문이다.

일론 머스크는 효율적이고도 쉬운 '유추하기'를 버리고 물리학처럼 한 치의 오차도 없는 추론을 하려고 노력해왔다. 그처럼 유추의 함정을 피하고 논리적 추론으로 들어가려면 어떻게 해야 할까?

혁신적 사고의 비결, 물리학적 원리추론 사고법

"어떻게 하신 겁니까? 페이팔, 솔라시티, 테슬라모터스, 스페이스 X…… 서로 완전히 다르고 규모도 어마어마한데 도대체 한 사람이 이 모든 혁신을 어떻게 이룰 수 있지요? 당신에게 무엇이 있는 것입니까?"

TED 기획자인 크리스 앤더슨은 머스크에게 이렇게 물었다. 만약 그 비밀을 알려준다면 교육과정에 담고 싶다면서 말이다. 모든 이들이 궁금해하는 부분이기도 하다. '도대체 어떻게'에 대한 비밀이 풀린다면 많은 이들이 혁신적인 영감을 얻을 수 있을 것이다.

앤더슨의 질문에 대해 머스크는 명쾌한 답을 제시한다. 자신만의 생각 프레임이 있다는 것이다. 그것은 바로 '물리학적 사고'다.

"저는 생각에는 좋은 틀이 있다고 생각합니다. 바로 '물리'죠. 아시겠지만 논리의 첫째 원칙입니다. 일반적으로 저는 이런 방식으로 생각합니다. 물질의 근본적인 것까지 파고들고, 그것에서부터 다시 생각하는데, 유추하는 방식으로 하지는 않습니다."

머스크가 말한 물리학적 사고법과 '유추(analogy)'는 어떻게 다른 것일까? 우리는 삶의 모든 영역에서 타인의 삶과 사고를 바탕으로 조금씩 다른 걸 추구하는 데 익숙해져 있다. 즉, 다른 사람들의 생각에 조금 변형을 가하는 것이다. 대부분의 사람들은 이러한 사고법을 따르는데, 기존의 것을 '개선'하기 위해서는 그것만으로도 충분할 수 있다. 하지만 머스크처럼 세상에 없던 그 무엇을 만드는 '혁신'을 위해서는 유추의 사고법만으로는 역부족이다. 문명을 바꾸는 혁신가들은 직관이나 유추에 의지하지 않고 철저히 '원리(principle)'를 통해 생각을 발전시킨다. 물질의 근본적인 곳에까지 파고들고, 그것에서부터 다시 생각하는 것이다. 그렇게 함으로써 '새로운 것'을 발견하고 발전시킬 수 있다.

현대인들은 어떻게 공부해야 하는가

머스크의 수많은 혁신 중 가장 주목받는 것은 로켓 개발이다. 이것 역시 물리학적 사고를 바탕으로 이루어낸 성과다. 독학으로 우주공학을 배운 머스크는 로켓 개발을 선언하면서 기존의 데이터와 결과를 배제했다. 그가 가장 먼저 발견한 것은 '로켓 제작에 필요한 재료비가 전체 개발비의 단 2퍼센트에 불과하다'는 사실이었다. 당시 NASA가 참여한 '델타 4호'의 개발비가 25억 달러(약 2조 7천억 원)였다. 머스크는 '이 비용의 10퍼센트로 로켓을 쏘아올리겠다'는 목표를 정했다. 이러한 발상은 기존 데이터를 활용한 유추를 통해서는 불가능하다. 머스크가 로켓 개발의 핵심적인 기본 원리부터 파헤쳤기 때문에 가능한 발상이었다.

스페이스X를 창업할 때 머스크는 직원들에게 "우리 비즈니스의 첫 번째 목표는 로켓 제작 회사에 오랫동안 만연해온 기존의 사고방식을 깨뜨리는 것이다"라고 공언했다. 이 역시 물리학적 사고의 중요성을 역설한 것이다. 머스크는 대학에서 경영학을 전공했지만 열중한 것은 물리학이었다. 물리학을 전공한 이들도 머스크만큼 다양한 분야에 철저히 '물리학적 사고'를 적용하지는 못할 것이다. 그가 자신의 비즈니스 전 영역에서 누구도 시도하지 않은 새로운 도전을 감행할 수 있었던 자신감의 원천이 바로 '원리로 사고를 전개하는' 데 있었다.

KAIST 김대식 교수도 머스크가 이룬 성과의 비결을 "그는 타인의 결과물에서부터 시작된 상상력이 아닌 스스로 풀고 싶은 문제와 질문을 시작으로 상상력을 발휘한다"고 분석했다. 그리고 놀랍게도 머스크는 타인이 자신의 결과물을 유추하는 것을 두려워하지 않는다. 테슬라가 보유한 300여 개의 특허권을 모두 개방해버린 대담한 결정도 그런 맥락에서 이해할 수 있다.

유추의 함정을 피하는 데에는 '전두엽의 실행 기능' 중에서 '점검하기' 능력이 매우 요구된다. 자신의 판단이나 분석이 제대로 되었는지를 확인하는 능력이다. 우리는 책을 읽거나 생각을 전개할 때, 자신의 가정이 맞는지 틀린지 생각해보지도 않고 잠정적인 결론을 내리는 경우가 많다. 이때 '정말 그게 맞아?'라고 한번 의문을 품어보는 것이 바로 '점검하기'의 시작이다. 일론 머스크는 아마도 자신의 생각의 흐름을 물리학의 공식처럼 눈에 보이게 만들어서(노트에 메모를 했든 머릿속으로 했든) 한 단계도 그냥 지나치지 않고 점검했을 것이다.

이 '점검하기' 능력을 키우려면 자신이 알고 있는 지식을 정확히 확인하는 습관을 가져야 한다. 메모를 하며 정리하든, 누군가에게 말로 설명하든, 방법은 다양하다. 필자의 경우, 말로 설명하는 것을 선호한다. 이때 혼자 말하는 것보다는 다른 사람에게 설명해보는 것이 좋다. 혼자 말하다 보면 자신도 모르게 건너뛰는 단계가 있는데, 다른 사람에게 그것도 자신보다 어린 사람에게 설명하려면 더 쉽게 더 차근차근 단계를 밟아가야 하기 때문에 그만큼 정확하게 알아야 한다.

머스크가 읽은 만 권의 책은 그가 현상을 바라볼 때 유추의 함정에서 벗어나 물리 공식처럼 정확하게 생각할 수 있는 훈련을 하는 데 결정적인 역할을 했을 것이다. 대개의 사람들은 지식과 경험이 부족해서 그것에 대해 정확히 모를 경우 확실하게 설명하기 어려워서 유추의 함정에 빠지기 쉽다. 그러나 만 권의 독서를 통해 다양하고 풍부한 지식을 가지고 있었던 머스크는 원리추론 사고법을 습득하기에 매우 유리한 조건에 있었던 것이다.

이미 어린 시절을 보내버린 어른이 일론 머스크의 이러한 사고 능력을 갖고 싶다면 어떻게 독서를 하면 좋을까? 가만히 보면 머스크의 학습 방법은 정약용의 공부법과 맞닿아 있는 것도 같다. 세상의 모든 지식을 다 알 수는 없지만, 지금 보고 있는 한 권의 책에서 내가 조금이라도 모르는 것이 있다면 더 깊이 들어가서 하나하나 완전히 익히는 '메타인지 공부법'을 견지한다면, 만 권의 책을 읽지 않아도 내가 공부하거나 일하는 분야에서는 유추의 함정을 피해 원리추론적 사고법을 구사할 수 있지 않을까.

일론 머스크와 정약용, 모두 실리적 성향이 강하다는 공통점도 있다. 이런 공통점만으로 두 사람의 학습법이 일맥상통한다고 생각하는 것도 하나의 '유추'일 수는 있겠으나, 정약용이 제시한 공부법이 머스크의 사고방식을 익힐 수 있는 방법임은 분명하다.

실패를 통해서도 배우는 자기회복력

나는 사방에서 공격을 당했습니다. 당시 사람들은 남의 불행을 보고 쾌감을 느꼈어요. 여러 면에서 정말 괴로웠습니다. 테슬라에 대한 부정적인 기사가 들끓었고, 스페이스X의 3차 발사 실패를 들먹이는 기사가 많았습니다. 내 삶이 삐걱거린다는 의혹이 걷잡을 수 없이 커졌습니다. 이제 모든 상황이 끝장났다고 생각했습니다.

_『일론 머스크, 미래의 설계자』(김영사)

전기자동차 로드스터 출시 지연, 연이은 로켓 발사 실패, 이혼 등 수많은 난관 속에서 머스크는 잠시 절망에 빠졌었다. 하지만 그는 그 상황에 매몰되지 않았고, 특유의 낙관적인 사고로 절망에서 빠져나왔다. "문제가 무엇인지 개의치 않는다. 필요한 것은 문제의 해결이다"라고 말해온 것처럼, 그 난관을 하나하나 헤쳐나가 마침내 꿈을 향해 더 가까이 다가서게 되었다. 그는 화성식민지 건설 계획도 발표했다. 8만 명을 화성으로 이주시키겠다는 것이다. 지금은 영화에서나 있을 법한 그의 꿈이 미래에는 현실이 될 수도 있다. 지금까지 그가 보여준 자기혁신을 보면 말이다.

머스크는 실패를 종착지로 생각하지 않았다. 새로운 것을 배울 수 있는 공부의 계기로 받아들인 것이다. 실패하지 않으면 다음 단계로 나아갈 수 없다고 생각할 정도로, 그는 실패를 통해 많은 것을 배워왔다. 실패를 통해 배운다는 것 역시 물리학적 사고에 기반한 것이다. 스스로 시도하고 실패하는 과정 속에서 원리를 다시 한 번 깨치고, 문제 해결의 실마리를 외적 요소가 아닌 내부에서 찾아 개선해나가기 때문이다.

성공한 사람들은 어째서 다들 이렇게 실패에도 굴하지 않고 오뚝이처럼 잘 일어서는 것일까? 이런 능력을 우리는 '회복탄력성(resilence)'이라고 한다. 회복탄력성을 키우는 양육과 교육은 미국 교육의 오래된 화두이기도 하다.

회복탄력성은 자신의 감정을 항상 긍정적으로 유지할 수 있게 도와준다. 그런데 감정이 긍정적으로 유지되지 않고 우울하고 불안해지면 우리의 뇌는(특히 전두엽은) 포도당도 소모하지 않고 일도 하지 않게 된다. 이렇게 두뇌가 활동을 하지 않으면, 문제를 해결할 수도 없고 해결에 필요한 정보를 수집하거나 배울 수도 없다. 반면 감정이라도 긍정적으로 유지되면, 일단 눈앞의 문제를 해결할 힘을 갖게 된다.

실제로 클리닉을 방문하는 학생이나 직장인들은 학업과 경쟁에서 좌절을 겪고 오는 경우가 많다. 그들에게 긍정적 감정을 유지할 수 있게 도와주기만 해도 그들은 공부나 일을 더 재미있어하고 더 열심히 해서 좋은 성과를 내고, 극심한 경쟁의 스트레스에서도 평상심을 찾아가는 경우가 아주 많았다. 그런 면에서 좌절을 극복해가는 회복탄력성은 잠재력을 꽃피우는 데 있어서 핵심적인 역량이라고 할 수 있다.

정신과의사의 관점에서 보면, 사실 회복탄력성의 근원은 어린 시절부터 존재하지만 이는 현재 자신의 선택에 따라서 바로 달라질 수 있는 것이기도 하다. 일론 머스크처럼 생각할 것인지 아닌지만 선택하면 되는 것이다.

아인슈타인의
연상사고 공부법

아인슈타인의 뇌에 얽힌 비밀에 접근하기 위해서는
뇌의 형태적 차이가 아닌, 그의 후천적 노력에 주목해야 한다.
그는 '사고실험' 훈련을 통해 천재적인 업적을 남겼다.

"박사님, 실험실이 궁금합니다. 보여주실 수 있나요?"

20세기 과학혁명의 주역 알베르트 아인슈타인(Albert Einstein)의 집을 찾는 이들은 으레 그에게 실험실을 보여달라고 했다. 그러면 아인슈타인은 자신의 주머니에서 만년필을 꺼내며 이렇게 말했다.

"내 실험실은 바로 여기입니다."

헝클어진 머리와 콧수염, 허름한 옷차림에 양말도 제대로 신지 않았던 그는 삶의 욕구를 최소화해서 살았다. 하지만 세간의 사람들은 세상을 바꾼 과학자의 연구실만큼은 남다를 거라고 생각했을 것이다. 그러나 그의 연구실에는 칠판과 책상, 의자 그리고 논문들이 쌓인 선반 외에 별다른 게 없었다. 그리고 세상을 바꾼 그의 연구가 진행된 실험실은 다름 아닌 '만년필과 노트'였던 것이다.

이는 아인슈타인의 놀라운 업적이 '몽상적 사고'를 끄적거린 메모에서 시작되었음을 상징적으로 보여준다. 그의 상대성이론도 실제 세계가 아닌 머릿속에서 이루어진 '사고실험'을 통해 만들어진 것이다. 과연 아인슈타인의 머릿속 실험실은 어떤 모습이었을까?

우뇌형 인재의 창의적 사고법

1955년 4월 18일, 아인슈타인은 눈을 감았다. 이후 시신에 대한 부검이 진행되었는데, 그때 부검을 담당했던 프린스턴대학병원의 병리학자 토머스 하비(Thomas Harvey)가 아인슈타인의 뇌를 가족의 동의도 없이 몰래 빼돌렸다. 이 사실은 1978년 기사를 통해 드러났다.

아인슈타인 같은 세기적 천재의 뇌는 과연 어떤 점이 다를까, 궁금할 수밖에 없었으리라. 아직도 그의 뇌 속에는 일반인과 다른 선천적인 특별함이 존재할 것이라는 생각에 그 크기와 주름을 연구하는 이들이 있다.

하지만 아인슈타인의 뇌는 보통사람의 뇌와 크기에서는 별로 차이가 없다(1,230g). 다만 두정엽과 측두엽이 더 크고, 좌뇌와 우뇌를 연결하는 뇌량(corpus callosum)이 더 두껍다. 아인슈타인의 두정엽은 일반인 평균치보다 15퍼센트 컸다. 이 두정엽 부위는 사고의 연합,

생각의 방향을 바꾸는 창의적 사고와 관련이 있다. 또한 입체적 · 공간적 사고를 담당하는 영역으로, 이 부분이 활성화된 사람은 운동을 잘하고 생각을 정교하게 한다. 측두엽은 언어적 능력, 기억력과 관계가 깊다. 뇌량은 좌뇌와 우뇌를 통합하여 우리 두뇌가 전체적으로 작동할 수 있는 통로가 되는데, 이 역시 아인슈타인의 뇌가 일반인보다는 두껍다.

아인슈타인이 이룬 업적과 다양한 분야에서 보여준 재능을 생각하면, 분명 평범한 사람의 두뇌와는 큰 차이가 있을 것 같고, 위에서 말한 형태적 차이가 그 비밀이라고 생각하기 쉽다. 그러나 많은 과학자들이 지적하고 있듯이, 아인슈타인의 뇌와 관련된 연구에 있어 형태의 차이가 기능의 차이를 가져온다고 단정지을 수는 없다. 그보다는 아인슈타인이 어떤 식으로 생각을 했고 연구를 진행했는지 살펴보는 것이 '아인슈타인의 뇌'에 접근하는 더 좋은 길일 것이다.

어쩌면 정말 아인슈타인의 뇌에는 일반인과 크게 다른 특이한 부분이 존재할지도 모른다. 그러나 그것이 세기의 물리학자 아인슈타인을 만든 것은 아닐 것이다. 그는 누구보다도 후천적인 노력으로 천재적인 업적을 남긴 인물이다. 그도 일종의 사고훈련을 통해 두뇌를 더욱 강화시켰다.

아인슈타인은 '사고실험'을 즐겼는데, 이는 관찰한 다음 진리를 이끌어내는 귀납적 방법이 아니라, 우주의 진리는 이래야 하지 않을까 하는 '영감 어린 가설'을 먼저 세운 뒤, 머릿속에서 상상력을 최대한 동원한 사고실험으로 검증해 결론에 도달하는 연역적 방법을 동반했다.

사고실험이라는 이 엉뚱한 방법이 바로 아인슈타인이 이 세상에 없던 것들을 만들어낼 수 있었던 비결이다. 이런 영감 어린 가설을 세우기 위해서 우리 두뇌는 '사고전환(shifting)'을 할 줄 알아야 한다. 지금껏 머릿속에 자리 잡고 있던 판단·예측·패턴을 바꾸어 다른 방식으로 생각해보는 능력이 바로 '사고전환'이다. 이것은 '전두엽의 실행 기능' 중 하나이며, 두정엽과도 관련이 깊은 능력이다.

어려운 상황에서 기발한 아이디어나 해결책을 제시하는 사람들은 이런 능력이 발달했을 가능성이 높다. 반대로 창의력과 유연성이 부족한 사람은 이 능력이 떨어지는 편일 가능성이 높다. 특히 어린아이들은 기존 사고의 틀에 덜 갇혀 있기 때문에 자유로운 사고가 쉬워 유연하고 창의적인 사고를 하는 데 반해, 어른이 될수록 경험과 학습을 통해 패턴을 익히고 효율성을 높이다 보니 유연성을 잃어버리게 된다. 성인이 효율성을 유지하면서도 이런 유연성을 높이려면 또 하나의 능력이 필요한데, 그것은 바로 '우수한 패턴 찾기 능력'이다.

'패턴 찾기'는 조직화 능력에 포함된다. 사과와 배의 공통점이 과일이라는 것을 알기는 쉽다. 그러나 전쟁과 평화의 공통점은 선뜻 찾기 어렵다. 하지만 생각을 거듭하면 범위가 확장되고, 그러다 보면 공통점이 생각날 수 있다(물론 끝까지 생각나지 않을 수도 있다). 이렇

게 생각을 넓혀 큰 차원의 패턴을 찾게 되면 새로운 관점에서 접근
할 수 있는 것이다.

상상을 통한 연상사고법

아인슈타인의 공부법은 인간의 뇌가 지닌 한계를 뛰어넘는 탁월
한 두뇌 계발법에서 비롯되었다고 할 수 있다. 그는 사고 자체를 문
자나 숫자로 하지 않고 이미지로 형상화시키고 상상하는 연상법을
활용했다고 알려져 있다.

"나는 책의 글자나 다른 사람의 말을 언어 그 자체로 생각하지 않는
다. 나는 그것들을 살아 숨쉬는 영상으로 바꾸어 이해한다. 그리고 나
중에 그것을 다시 언어적으로 풀어냈다."

일반적으로 문자 그대로 받아들이는 방식은 '좌뇌' 위주의 공부
법인데, 이는 뇌의 단기 기억 능력을 발달시키기 때문에 순간적인
기억에는 장점이 있지만 기억을 오래 유지하지 못한다. 반면 우뇌
를 적극적으로 활용하는 이미지 연상 공부법은 장기 기억 능력을
발달시켜 오랜 기간 정보를 저장하고 뇌의 균형 잡힌 성장을 도모
할 뿐 아니라 상상력과 창의력을 높이는 데 큰 도움을 준다.

세기의 물리학자 아인슈타인의 성취는 이 뇌의 활용법에서 나온 것이라고 해도 과언이 아니다. 미래학자 대니얼 핑크(Daniel Pink)는 저서 『새로운 미래가 온다』에서, "21세기의 인재는 우뇌 기능을 잘 발달시킨 '우뇌형 인간'이다"라고 밝혔다. 그런데 21세기뿐 아니라 20세기에도 세상을 바꾼 인재는 아인슈타인과 같은 우뇌형 천재들이었다.

개인적으로는 좌뇌와 우뇌를 양분하는 이분법적 사고를 좋아하지 않지만, 우뇌 활용의 중요성만큼은 강조하고 싶다. 앞서 언급한 사고실험이 가능하려면 패턴을 잘 분석해야 하고, 그러기 위해서는 우뇌를 활용해야 한다. 우뇌는 직관적이다. '왜 그런지 선뜻 말하기는 어렵지만, 그런 것 같다' 식의 사고를 한다. 시간관념도 없고, 선후관계도 명확하지 않다. 그것은 '꿈'과 닮았다. 밑도 끝도 없고 시간의 전후도 없고 일의 앞뒤도 없는 꿈의 세상, 이것이 바로 우뇌의 세상이다.

이런 상태에서 의식만 깨어 있다면 그것은 '공상'인 셈이다. 여기에 약간의 목적이 있는 생각을 하게 되면, 이것이 바로 '상상'이다. 그리고 이러한 상상 중에서 현실화시킬 수 있는 생각이나 결정들을 우리는 '창의적 사고'라고 하는 것이다.

우리는 평소에 대부분 좌뇌의 영향을 받아 논리적이고 선후가 명확하며 판단적인 상태가 되는데, 문제는 이런 상황에서는 상상력이 발휘되거나 창의적인 아이디어가 잘 나오지 않는다는 점이다.

특히 쫓기거나 긴장하면 더욱 그렇다.

우리 두뇌가 상상력이 풍부해지고 우뇌의 활동이 활발한 상태가 될 때에는 알파파와 세타파가 증가한다. 반면 걱정하고 긴장하면 19~22헤르츠의 고주파 베타파(high beta wave)가 빠르게 증가하고 알파파가 감소한다. 그래서 상상력을 제대로 발휘하기 위해서는 기본적으로 긴장과 스트레스를 감소시키는 것이 가장 중요하다. 그리고 머릿속에 떠오르는 여러 가지 생각을 검열 없이 흘러가게 두고 주위를 관찰하는 습관도 도움이 된다. 간혹 '멍하니' 있는 것처럼 보일 수 있지만, 그럴 때 좌뇌의 검열 없이 온갖 생각들이 자유롭게 떠돌다 보면 자신의 한계나 기존의 틀을 뛰어넘을 수 있는 기회를 갖게 된다.

아인슈타인이 했던 이 상상을 통한 연상사고법은 시각적 지능이 높은 사람들이 잘 사용하는 방법이다. 시각적으로 형상화하다 보면 사고가 더 뚜렷하고 세밀하게 전개되기도 하고 기억도 잘된다. 이런 시각형 사람들은 그림이나 지도를 잘 기억하고, 기억도 마치 사진을 찍듯이 자세하게 한다.

그러나 모든 사람에게 이런 방법이 좋은 것은 아니다. 청각적 지능이 우수한 사람들은 누구에게 무엇을 말로 설명할 때 더 논리정연해지고 기억도 잘하게 된다. 그러므로 자신에게 맞는 방법을 선택하되, 한 가지 주제에 대해서 깊이 있게 자신만의 논리를 전개하는 훈련을 해야 한다. 아인슈타인은 그 훈련을 질문과 토론으로 했다.

아인슈타인을 만든 유대인의 공부법

인류의 역사를 바꾼 20세기의 위인 세 명을 꼽으라고 하면 누가 떠오르는가. 미국의 시사주간지 《US뉴스앤드월드리포트》는 '천재들의 비밀: 20세기를 조각한 세 명의 위인'으로 아인슈타인, 마르크스, 프로이트 세 사람을 꼽았다. 이들은 각기 다른 분야의 천재들이었지만 한 가지 공통점이 있다. 바로 유대인이라는 점이다. 오늘날에도 유대인들의 창의적 교육을 통한 성과는 수많은 위인들을 통해 알려지고 있다. 그렇다면 유대인들은 타고난 지능지수가 높은 것일까? 그렇지 않다.

영국의 리처드 린(Richard Lynn) 교수와 핀란드의 타투 반하넨(Tatu Vanhanen) 교수가 세계 185개국의 평균 IQ를 분석하여 발표한 결과에 의하면, 이스라엘은 94점으로 세계 45위였다. 이는 미국, 유럽, 동아시아의 주요 나라에 뒤지는 수치다(한국은 106점으로 107점인 홍콩에 이어 세계 2위를 기록하고 있지만, 과학 분야의 노벨상 수상자는 단 한 명도 없다). 하지만 노벨상 수상자의 30퍼센트가 유대인이고, 지금도 세계를 움직이는 슈퍼인재들 상당수가 유대인이다. 결론적으로, IQ는 창의성과 그다지 연관성이 없는 것이다.

그렇다면 유대인들이 보여주는 창의성의 비밀은 대체 무엇일까? 유대인들은 수천 년 전부터 가정과 학교에서 질문과 토론을 가르치고 습관화시켰으며, 나라를 잃고 세계 각지로 뿔뿔이 흩어져

146

사는 동안에도 이런 교육 방식은 대대로 전수되어 내려왔다. 질문과 토론은 우뇌를 발달시키며, 사물이나 단어에 대한 개념을 명확히 세워주고, 답을 찾아가는 과정에서 논리와 추리, 가설사고 그리고 상상력을 자극하고 체계화시켜준다.

이런 교육과 훈련이 아인슈타인을 세기의 물리학자로 만들어낸 것이다. 유대인들의 대표적인 자녀교육서인 『탈무드』에는 이런 문장이 있다. "교사 혼자서만 얘기해서는 안 된다. 만약 학생들이 말없이 듣고만 있다면 앵무새를 기르는 것과 무엇이 다르겠는가." 수동적인 학습을 철저히 경계한 것이다. 아인슈타인 역시 유대인들의 전통적 공부법을 통해 무한한 잠재력을 끌어낼 수 있었다.

아인슈타인은 대학 졸업 후 실업자 생활을 할 때도, 특허청 직원으로 일할 때도 '올림피아 아카데미'라는 토론모임을 통해 밤새도록 숫자와 공간 등 다양한 주제를 두고 토론하고 질문하고 이야기하면서 학문적 갈증을 해소했다. 이 시기에 그는 특수상대성이론을 정립했다.

질문은 새로운 발견을 위한 단초가 된다. 우리 두뇌는 '새로운 것'에 더 많은 주의를 기울이는 성향이 있기 때문에, 질문을 하면 일단 뇌가 주목하기 시작한다. 이미 잘 알고 있는 내용을 답하면 되는 것이 아니라 사고의 힘이 필요한 질문을 받게 되면, 우리 뇌는 이 '문제'를 풀기 위해 제일 먼저 기존의 지식들을 점검한다. 그중에 어떤 내용들이 이 문제를 푸는 데 적합할지 판단하는 것이다. 이런 과정을 거치다 보면 별 상관 없어 보였던 지식들 사이의 상관관계를 깨닫게 되기도 한다.

이렇게 서로 다른 지식이나 정보 사이에 연결고리가 생기면 두뇌에서는 새로운 신경 연결이 생기고 강화된다. 즉, 뇌가 성장하는 것이다. 근육 운동을 하면 근섬유가 성장하듯이, 우리 뇌는 새로운 질문을 던지고 그 답을 찾는 과정에서 성장하게 된다. 따라서 좋은 질문을 하는 것은 두뇌 운동에 큰 영향을 미치며 문제 해결 능력도 높아진다.

토론은 이런 질문과 답이 끊임없이 오고가는 과정이다. 토론을 하다 보면 상대방의 주장과 질문의 요지가 무엇인지, 나의 의견에 부합하는지, 상대방 의견의 약점은 무엇인지, 나는 무슨 내용을 어떻게 말할 것인지 등 수많은 질문들이 내 안에서 생겨난다. 여기에 더하여 토론하는 주제에 관련된 지식을 계속 불러들이고 연결 짓는 과정이 이어진다. 토론식 수업이 좋은 이유는 이 모든 과정이 두뇌 발달과 성장에 직접적인 영향을 미치기 때문이다.

그러므로 학생 때에는 수업시간에 토론을 하는 기회를 소중히 생각하고 적극적으로 참여해야 한다. 대학생 때도 마찬가지다. 직장에서는 회의시간에 적극적으로 임해야 한다. 회사의 문화가 경직될수록 회의문화도 형식적이고 의사결정권자가 일방적으로 보고를 받는 경우가 많은데, 이런 식의 회의라면 하지 않는 게 오히려 업무 효율을 높이는 방법이다. 그러나 수평적인 회의(이런 회의는 당연히 생산성이 높다)를 할 수 있는 조직이라면, 회의에 적극 참여하라고 권하고 싶다. 그것이 두뇌의 능력뿐 아니라 업무 능력을 높일 수 있는 가장 좋은 기회이기 때문이다.

아인슈타인 식 브레인스토밍

아인슈타인의 공부법을 활용하는 또 다른 방법이 있다. 바로 '브레인스토밍(brainstorming)'인데, 이는 특정 집단 내에서 독창적인 아이디어를 얻는 방법으로 많이 사용된다. 한 개인이 스스로 구속받지 않은 상태에서 머릿속에 떠오르는 모든 생각을 자유롭게 꺼내는 것이라고 할 수 있다. 여기서 '구속'이란 선입견과 유추로 인해서 스스로를 한계 짓는 것을 말한다. 정답만을 말해야 한다는 자기 검열을 의미하기도 한다.

아인슈타인은 당시만 해도 불가능하다고 여겨지던 많은 분야에서 그것이 가능하다는 것을 입증했다. 그것이 가능했던 이유 중 하나가 일단 목표를 정하고 나면 그것을 이룰 수 있는 방법이 반드시 있다는 믿음을 가지고 연구를 시작했기 때문이다. 스스로 한계를 정해두지 않고 끊임없이 브레인스토밍하고 그 생각의 단초를 바탕으로 토론을 거듭했다.

우리는 어려운 문제에 부딪히면 "안 되는 건 안 되는 거다"라는 말을 방패 삼아 안 될 이유를 찾아내는 데 익숙하다. 그러나 우리의 능력은 긍정적인 믿음이 있으면 한계를(또는 한계로 규정지었던 수준을) 뛰어넘기도 한다. 그러므로 어려운 일이 생겼을 때, 아인슈타인처럼 만들어내고 싶은 결과를 먼저 정해놓고 그 방법을 찾는 식으로 접근해보자. 기획이나 계획 단계에서 특히 유용한 방법일 것이다.

안타까운 점은 이러한 훈련이 학창시절부터 이루어져야 하는데, 우리의 입시 교육은 그럴 기회를 주지 않는다는 것이다. 성인이 되고서야 이런 훈련을 하려고 하니 그간의 관성에 젖어 사고 변화가 쉽지 않다. 이럴 때는 알파파가 많이 나오는 몸과 마음의 이완상태를 유지하면서 자신만의 브레인스토밍 시간을 가져보자.

현대인들은 어떻게 공부해야 하는가

벤저민 프랭클린의
실천전략 공부법

프랭클린의 성공신화는 한 사람의 인생과 인격이
지속적인 '자기평가'를 통해서 얼마나 성공할 수 있는지 보여준다.
지속적인 실천을 위해 철저한 자기평가만큼
큰 긍정적 강화는 없다.

1771년 여름, 영국에 머물던 프랭클린은 '런던의 매연'을 피하기 위해 남부의 작은 시골마을에 있는 친구 집을 방문했다. 그곳에서 지낸 약 3주 동안 그는 자서전 집필을 시작했다. 자서전은 외아들 윌리엄 프랭클린에게 쓰는 편지로 시작되었다.

나는 가난하고 이름도 없는 집안에서 태어났지만, 마침내 그 환경에서 일어나서 지금은 꽤 넉넉하고 어느 정도 사회에 이름이 알려진 사람이 되었다. 게다가 내 삶에는 늘 많은 행운이 따랐지. 그러니 내 자손들은 내가 지금에 이르기까지 이용해온, 그리고 신의 은혜로 이처럼 큰 성공을 거둘 수 있게 해준 유익한 방법에 대해 알고 싶어 하지 않을까 하는 생각이 들었단다.

_『프랭클린 자서전』(동서문화사)

'삶에 늘 많은 행운이 따랐다'고 말하는 그는 바로 18세기 미국에 가장 큰 영향력을 끼친 인물 벤저민 프랭클린(Benjamin Franklin)으로, 세상을 떠난 지 200년이 넘었지만 여전히 미국 역사상 가장 위대한 인물 중 한 명으로 평가받고 있다.

프랭클린은 자서전에 자신의 삶에는 늘 많은 행운이 따랐다고 하면서도, 자신이 성공할 수 있었던 근원과 인생의 신념을 만들어 준 것은 끊임없는 '공부'였음을 강조했다. 그는 어렸을 때부터 책읽기를 좋아해서 '조금이라도 돈이 손에 들어오면 한 푼도 남김없이 책값으로 쓰곤' 했다. 정규교육을 채 2년도 받지 못한 가난한 집 아들이었던 그가 '미국인의 아버지'가 된 것은 '평생 공부하는 삶'을 신념으로 삼았기 때문이었다.

공부가 인생의 신념이었던 '미스터 아메리칸 드림'

'벤저민 프랭클린'이라는 이름은 유명하지만 정작 그에 대해서 제대로 알고 있는 사람은 의외로 많지 않다. 그저 플래너계의 명품인 '프랭클린 플래너'라는 브랜드로 익숙할 뿐이다. 그래서 오히려

르네상스 시기에나 있었을 법한 벤저민 프랭클린의 업적이 과소평
가되고 있는 것 같다.

하지만 아쉽게도 그는 플래너 창시자가 아니다. 프랭클린은 미
국철학협회를 창립하고 피뢰침을 발명했으며, 미국「독립선언서」
의 초안을 잡고 초대 프랑스 대사로 파견되는 등 실로 다양한 업적
을 남겼다. 카를 마르크스는 그를 가리켜 "신대륙 최초의 위대한 경
제학자"라고 평했다. 그의 사후에 출판된 『자서전(Autobiography)』은
미국 산문문학 중 일품으로 꼽히며, 하버드대학이 선정한 고전필독
서 목록 가운데 첫 번째를 장식한다. 그런데 이 책을 읽은 하버드대
생들은 공통적으로 "벤저민 프랭클린의 업적이 모두 사실입니까?"
라고 묻는다고 한다.

이처럼 프랭클린은 정치 · 사회 · 과학 · 문학 등 다양한 방면에
서 최고의 업적을 남겼지만, 그의 묘비에는 '인쇄인 프랭클린(B.
Franklin, printer)'이라고만 남길 만큼 매우 소박한 삶을 살았다.

그는 보스턴의 가난한 집안에서 태어나 정규교육이라고는 2년
밖에 받지 못했지만, 열두 살에 인쇄공으로 사회에 첫발을 내디딘
이래 '철저한 자기관리와 시간관리'를 통해 자수성가할 수 있었다.
끊임없는 자기성찰과 계발, 선하고 덕 있는 삶을 통해 행복에 이르
고자 했던 그의 가르침은 오늘날에도 '성공학의 원점'이라고 할 만
하다.

특히 그가 제시한 '열세 가지 덕목'은 미국 정신의 근간을 이루

었을 뿐 아니라, 요즈음에도 비즈니스의 성공과 부의 축적 그리고 행복한 삶에 이르는 원칙, 즉 '생활철학'으로서 널리 영향을 미치고 있다. 그의 사고의 근본은 개인의 창의성이야말로 진보의 원천이라는, 개인 생활의 정신적 충실을 추구하는 모럴리즘(moralism)에 있었다.

무엇보다 평생 공부하는 삶을 살았기에 그렇듯 놀라운 업적을 이룰 수 있었다. 프랭클린은 아들 윌리엄에게 쓴 편지에 자신의 독서, 글쓰기, 공부법에 대해 상세하게 적었다.

프랭클린은 어떻게 시간관리와 실천의 대명사가 되었나

플래너 이야기를 다시 꺼내보자. 필자가 '프랭클린 플래너'를 처음 접한 것은 지인이 중학교에 입학한 나의 아들에게 선물로 사준 것이었다. 말로만 듣던 플래너를 받은 김에 아들에게 계획적인 생활습관을 길러주고자 플래너 사용을 권했다. 그런데 이 플래너를 따라하면 계획 세우기가 수월할 거라는 애초의 기대와는 달리, 여느 플래너와 별다른 점이 없었고, 아들의 흥미와 끈기도 이끌어내지 못했다.

실망한 나는 플래너를 좀 더 자세히 들여다보았다. 역시나 특별한 것을 찾아보기 어려웠다. 사실 '프랭클린 플래너'는 벤저민 프랭클린과 거의 무관하다. 그가 고안하지도 않았고, 만든 사람들과 특별한 관계도 없다. 그런데 이걸 만든 사람들은 왜 하필 '프랭클린'이라는 이름을 붙였을까? 왜 다들 '프랭클린 플래너'라고 하는 것일까? 아마도 그가 시간관리와 계획의 대명사였기 때문일 것이다.

그렇다면 벤저민 프랭클린은 어떻게 해서 시간관리와 계획의 대명사가 되었는지, 그의 공부법에 대해서 좀 더 살펴보면 지금까지는 잘 몰랐던 사실을 깨닫게 된다. 그가 살아온 길의 첫 번째 특징은 성공을 위한 방법이 매우 실천적이고 구체적이었다는 것이다.

인쇄업자와 신문 발행인에서 발명가와 정치인, 외교관까지 다양한 방면에서 혁혁한 성공을 이룬 프랭클린은 어떤 의미에서는 천재라고 할 수 있지만, 보통사람들이 아무리 노력해도 발치에도 근접하지 못하는 단순한 의미의 천재와는 다르다. 그가 성공할 수 있었던 비결은 '어떻게 하면 인생에서 성공할 수 있는가' 하는 실천론이고, 누구나 그럴 마음이 있으면 실행할 수 있는 것들이다.

그의 자서전을 보면 알 수 있듯이, 그는 자신의 성공 비결을 매우 알기 쉽게 설명하고 있다. 가령 독학으로 프랑스어·이탈리아어·스페인어를 배울 때의 체험에서, 어학 공부는 라틴어에서 시작해야 한다고 여겼던 통념을 깨고 실용적인 프랑스어에서부터 시작하는 게 낫다고 권하는 식이다. 그리고 가장 특징적인 것은 그가 제안한 '성공을 위한 열세 가지 덕목'이다. 그는 스스로의 힘으로 성공을 거두기 위해 자신만의 '덕목'을 정했다. 그러나 이것은 도덕적

완결성을 추구하기 위한 덕목이 아니라(목적이 아니라), 좋은 습관을 들여서 확실히 몸에 익히기 위한(성공하기 위한) 수단이었다.

1. 절제: 머리가 둔해질 만큼 먹지 말 것. 취해서 마음이 들뜰 만큼 술을 마시지 말 것.

2. 침묵: 타인 혹은 자신에게 이익이 되지 않을 말은 하지 말 것. 의미 없는 말은 피할 것.

3. 질서: 자신의 소지품은 모두 자리를 정해놓을 것. 자신의 일은 모두 시간을 정해놓고 할 것.

4. 결단: 해야 할 일을 실행할 결심을 할 것. 결심한 것은 반드시 실행할 것.

5. 절약: 타인 혹은 자신을 위한 일이 되지 않을 일에는 돈을 쓰지 말 것. 의미 없는 소비를 하지 말 것.

6. 근면: 시간을 허비하지 말 것. 늘 유익한 일에 종사할 것. 필요없는 행위는 모두 잘라낼 것.

7. 진실: 책략을 꾸며서 타인에게 상처 입히지 말 것. 악의를 품지 않고 공정한 판단을 내릴 것. 발언할 때에도 마찬가지임.

8. 정의: 타인의 이익을 해치거나 주어야 할 것을 주지 않아 손해를 입히지 말 것.

9. 중용: 양극단을 피할 것. 만약 크게 화를 낼 수밖에 없는 모욕을 받았다 하더라도 한 걸음 앞에서 참고 화를 다스릴 것.

10. 청결: 신체, 의복, 주거의 불결함을 묵인하지 말 것.

11. 평정: 작은 일, 즉 일상다반사나 피할 수 없는 일들 때문에 마음을 흐트러뜨리지 말 것.

12. 순결: 성관계는 건강 또는 자손을 위해서만 맺고, 결코 그에 몰두한 나머지 두뇌 회전을 둔하게 만들거나 건강을 해치고, 자신 및 타인의 평화로운 생활과 믿음을 깨뜨리지 말 것.

13. 겸손: 그리스도와 소크라테스를 본받을 것.

주목해야 할 것은 이를 실천하는 방법 역시 스스로 체계적으로 고민했다는 것이다. 그는 이 덕목들을 모두 '습관'으로 몸에 배게 했다. 이 모든 것을 한꺼번에 하겠다고 주의를 분산시키기보다는 한 번에 하나씩 특정 덕목에 집중해서 습득한 다음 다른 덕목으로 옮겨가는 식으로 열세 덕목을 차례로 익혔다. 그래서 덕목에 순서가 있는 것이다. 바로 이 점을 간과하면 프랭클린이 왜 시간관리를 잘하고 계획을 잘 세웠다고 하는지 제대로 이해할 수 없다.

프랭클린의 계획을 단지 시간을 효율적으로 사용하기 위한 '일정관리'라는 개념으로 생각하는 한, 프랭클린의 시간관리라는 개념에는 다가갈 수가 없다. 그는 자신이 원하는 덕목을 습득, 내면화하기 위해 시간을 운용하고 계획을 세웠던 것이다. 이른바 '자신이 주도하는 시간 계획'이다. 우리가 외부의 조건에 맞춰 그것들을 채워나가는 데 급급한 것과는 출발점이 다르다. 아마도 프랭클린은 자신이 원하는 덕목을 실천하기 위해 꼭 해야 할 것들을 빠뜨리지 않기 위해서 시간계획표를 만들었을 것이다.

나는 맨 처음에 '절제' 덕목을 놓아두었는데, 그 이유는 이렇다. 흥미가 줄어들 겨를이 없는 오랜 습관과 끊이지 않는 유혹의 힘을 이겨내고, 24시간 동안 계속 경계 및 감시를 게을리하지 않으려면 냉정하고 명석한 두뇌가 반드시 필요하다. 그리고 그것을 얻기 위해서는 절제 항목이 큰 도움이 되기 때문이다. 이 덕목이 몸에 잘 배어들어 자신의 것이 되고 나면, '침묵'을 보다 간단히 익힐 수 있으리라 생각했던 것이다.

_『프랭클린 자서전』(동서문화사)

이런 것을 잘하려면 '우선순위'를 정해야 한다. 무엇이 가장 중요하고, 무엇이 먼저 되어야 하는지를 결정하는 판단력은 '전두엽의 실행 기능' 중 한 가지다. 수험생이나 직장인과 상담하다 보면, 많은 노력을 기울이고 있음에도 불구하고 가장 중요한 것, 가장 기본적인 것을 등한시해서 시험에서 나쁜 결과를 초래하거나 업무를 잘 수행하지 못하는 경우가 많다. '무조건' 성실해서는 안 된다. '요령껏' 성실해야 한다.

나는 이런 유형의 사람들을 '둘레길형 사고'를 가진 사람들이라고 부른다. 꼼꼼함이라는 장점은 있지만 전체의 형상을 그리는 데는 무관심하거나 취약하며 사고의 유연성이 부족한 편이다. 이런 단점을 극복하려면 두 가지 역량이 필요하다. 첫 번째는 '조직화·체계화하는 힘'이고, 두 번째는 '우선순위를 정하는 능력'이다. 벤저민 프랭클린은 둘레길형임에도 불구하고 이 두 가지 역량, 특히 우선순위를 정하는 능력이 탁월했다.

그는 "규율은 옭아매는 게 아니라 자유를 얻는 지름길"이라고 했다. 자신이 하고 싶은 일, 잘할 수 있는 일을 더 잘하기 위해 스스로 덕목을 정하고 한 가지씩 집중해서 하나씩 실천하며 완성도를 높여나갔기에 다방면에서 탁월한 통찰과 성과를 거둘 수 있었던 것이다. 그것이 바로 프랭클린 식의 자유를 얻는 방법이었다.

철저한 자기평가를 바탕으로 한 실천전략

프랭클린은 아무리 좋은 계획을 세워도 실천하지 않으면 쓸모가 없다고 강조하면서, 실천을 위한 도표를 수첩에 만들어 매일 점검했다. 지속적으로 자신이 세운 덕목을 점검하고 자기평가를 게을리하지 않았다. 그의 계획은 애초부터 목표가 분명했다. 스케줄을 빠뜨리지 않기 위한 것이 아니라 자기가 원하는 덕목을 습득하기 위한 계획이었다. 그러므로 자기평가도 철저했다.

이런 자기평가도 '전두엽의 실행 기능' 중 하나다. 린 멜처 박사는 이것을 '점검하기(monitoring)'라고 했다. 점검을 통해 성공한 경우에는 스스로에게 보상해줄 수 있는 기회를 제공한다. 학습동기 이론에 따르면, 동기는 '성공한 경험'을 통해 얻는 '성취감'이 그 밑바탕이라고 한다. 자신이 목적을 가지고 세운(즉 타인에 의해서 결정된 것이 아닌) 계획이 실행되어 자신이 원하는 바를 이뤘을 때 우리는 성취감을 느끼고, 이것은 두뇌의 보상회로를 자극하여 도파민이 분비됨으로써 기쁨을 느끼게 되며, 그 후에도 계속 이런 기쁨을 느끼기 위해 '성공'하기 위한 행동을 하게 만든다(보상회로는 좋게 사용되면 이렇게 좋은 행동습관을 만들지만, 술·약물·도박 등에 반응하면 중독에 이르기도 한다).

만일 실패한 경우에는 분석의 기회를 제공한다. 실패가 포기로 연결되지 않기 위해서는 감정적 회복탄력성이 필요한데, 포기하지만 않는다면 우리 두뇌는 왜 실패했는지, 실패를 반복하지 않으려면 어떻게 해야 하는지 다시 '전략'을 세우게 된다. 이것은 또 다른 계획으로 이어져 다시 한 번 성공을 경험할 '기회'로 바뀐다.

프랭클린의 성공신화는 한 사람의 인생과 인격이 지속적인 '자기평가'를 통해서 얼마나 성공할 수 있는지를 보여주는 예다. 공부에 있어서도 계획과 목표를 세우는 것은 누구나 할 수 있지만, 실천하기 위한 방법론이 없이는 성공하기 어렵고, 지속적인 실천을 통해 습관화하려면 철저한 자기평가가 필요하다. 자기평가를 통한 '강화'는 가장 큰 긍정적 강화로 작용할 것이다.

수학 공부를 할 때에도 문제집을 한 달 안에 다 풀기 위한 계획은 세울 필요가 없다. 잊어버리지만 않으면 된다. 그러나 이달 안에 미적분을 마스터하겠다는 목표를 설정했다면 계획을 세워야 한다. 미적분을 마스터하기 위해 구체적으로 무엇을 할지도 정해야 하고, 마스터했다는 것을 확인하기 위해 무엇을 할지도 생각해보아야 한다. 무엇을 할지 정할 때도 가장 중요한 것과 가장 먼저 해야 하는 것이 무엇인지 세부적으로 결정해두어야 실천 의지가 생긴다.

다이어트를 할 때에도 '한 달 내 4킬로그램 감량' 따위의 계획을 세워봐야 백전백패다. 그보다는 다이어트를 위해 내가 가장 먼저 해야 할 것이 운동인지, 식단 조절인지, 야식 중단인지 결정해야 한다. 프랭클린은 그 결정부터 하고 나서 한 가지씩 달성해나가라고 말하고 있다.

둘레길형 인간과 등산형 인간

정규교육을 제대로 받지 못한 프랭클린의 성공 요소 중 빼놓을 수 없는 것이 바로 글쓰기와 독서다. 훗날 정치에 입문한 프랭클린은 정책을 입안하기 전에 관련 내용을 먼저 글로 써서 발표해 여론의 지지를 얻는 식으로 명망을 쌓아나갔다. 1732년에 발행한 『가난한 리처드의 달력』은 자신이 정한 삶의 덕목을 강화해줄 격언과 지혜의 글을 모은 달력으로, 전세계적으로 인기를 끌었다.

그는 글을 잘 써야 성공할 수 있다는 걸 알고 있었다. 형의 인쇄소에서 일할 무렵, 책을 좋아하는 친구와 여러 가지 주제를 두고 자주 논쟁을 벌이곤 했다. 만날 수 없는 친구와는 편지로 토론을 했는데, 어느 날 프랭클린이 친구에게 쓴 편지를 보고 아버지가 문장 쓰는 법이나 철자법은 친구보다 낫지만 '세련된 표현이나 논지를 펴나가는 방식, 명쾌함'에 있어서는 뒤떨어진다며 예시까지 들어주었다.

이후 그는 자신만의 문장강화법을 찾아서 실천했고, 자신의 생각을 조리 있게 표현하는 방법을 배워나갔다. 프랭클린의 성공 요인 중에서도 문장력은 꼭 한번 살펴볼 필요가 있다. 그는 어떻게 해서 그렇게 훌륭한 문장을 쓸 수 있었던 것일까?

그 무렵 나는 우연히, 전부는 아니었지만 〈스펙테이터〉(18세기 영국의 대표적인 일간지) 합본호를 한 권 찾아냈다. 문장이 아주 멋지고 훌륭해서 가능하면 이것을 본뜨고 싶다고 생각했지. 그래서 나는 그 신문에 실린 글을 몇 편 골라내고 그 내용을 드러내는 짤막한 요약을 만들었다. 그것을 며칠 동안 내버려둔 뒤, 이번에는 원래의 문장을 보지 않고 그때 내 머리에 떠오른 적당하다 싶은 말들을 써서 요약했던 내용을 원문과 똑같은 길이로 상세히 표현하려 했다.

그런 식으로 〈스펙테이터〉의 문장을 복원하려 시도한 거다. 그리고 그 뒤에는 내가 본떠 쓴 글과 〈스펙테이터〉의 원문을 비교 검토해서 내가 쓴 문장의 결점을 찾아내고 바로잡았다. 나는 이렇게 해서 내가 가진 어휘가 얼마나 모자란지, 게다가 아는 말조차 즉석에서 떠올려 쓰지 못한다는 사실을 깨달았단다.

_『프랭클린 자서전』(동서문화사)

프랭클린은 글쓰기에서도 '점검하기' 능력을 발휘했다. 좋은 글을 선택한 후, 그와 동일한 요지의 글을 쓰면서 어휘나 표현이 그 글과 점점 일치하도록 하는 '원문 요약 – 다시 쓰기' 방법은 논리의 전개, 어휘의 선택이 자신이 원하는 대로 되어가는지를 점검할 수 있는 좋은 장치였다. 이런 방법을 선택한 것은 프랭클린의 뇌가 이 방식을 편안하고 효과적으로 사용하는 유형이기 때문이었다.

특징적인 것은, 소위 '둘레길형' 인간에게서 볼 수 있는 방법이라는 점이다. 좋은 글을 읽고 그 글의 좋은 점을 기억했다가 내 글에 녹여내는 것이 아니라, 좋은 글들을 그대로 옮겨쓰다 보면 그 글의 좋은 점을 획득할 수 있을 것이라고 생각하는 것이다. 다분히 귀납적인 방법이다.

둘레길형과 반대되는 유형을 '등산형'이라고 부르는데, 이들의 문장 훈련 방식은 핵심 요점을 파악한 후에 그에 맞춰서 글을 써보는 것이다. 어느 쪽이 더 좋다고 할 수는 없다. 다만 자신에게 맞는 방법을 찾아 꾸준히 노력해야 하며, 또 어느 시점에서는 자신과 맞지 않는 방법도 받아들여 보완해나가야 한다. 프랭클린도 둘레길형 인간이지만, 자신의 부족한 부분을 보완하려는 의지와 능력을 갖추

였기에 그렇듯 다양한 분야에서 훌륭한 업적을 이룰 수 있었을 것이다(자세한 설명은 3장 참고).

프랭클린은 소문난 독서광이기도 했다. 형의 인쇄소에서 도제로 일하던 시절에는 서점 일꾼들과 친해져서 그들에게 빌린 책을 하룻밤에 다 읽고 다음 날 돌려주었다. 그는 조금이라도 돈이 손에 들어오면 한 푼도 남김없이 책값으로 썼다. 프랭클린에게 독서는 '자신에게 허용한 유일한 오락'이었던 것이다. 하지만 그는 책을 읽을 때에도 마구잡이로 읽지 않았다. "많이 읽어라, 그러나 많은 책을 읽지는 마라"라고 한 것처럼, 독서의 목표를 분명히 하고 깊이 있게 읽었다. 그는 토론과 글쓰기에 필요한 책을 읽으면서 연관성 있는 책의 꼬리 물기 방식을 통해 생각의 논리와 깊이를 더해나갔다.

프랭클린은 동서고금을 막론하고 가장 유용한 생활철학의 교본이라 할 수 있다. 누구에게나, 어떤 식으로든 그의 성공법과 공부법은 의미가 있다. 프랭클린처럼 르네상스형 인간으로 전방위적인 성공을 꿈꾸지 않더라도, 지금 내 삶의 주인이 되기 위해서는 프랭클린처럼 끊임없이 공부하는 삶을 살면서 자기관리의 노하우를 만들어가야 할 것이다.

3장

공부법을 알고 공부하면
인생이 달라진다

어떤 공부법이 나에게 맞는가

자신의 생활을 관찰하고 특성을 생각해보면
스스로 어떤 두뇌 유형에 가까운지 판단할 수 있다.
이를 바탕으로 적절한 공부법을 선택해야
강점을 키우고 약점을 최소화하는 효율적인 공부를 해나갈 수 있다.

지금까지 인문과학자 7인의 공부법에 대해서 살펴보았다. 그들의 성과는 모두 일생을 통하여 끊임없이 자신을 다스리고 고민하여 얻은 결과물들이다. 어느 것 하나 소중하지 않은 것이 없고 깊은 의미가 담겨 있지 않은 것이 없다. 하지만 이 모두를 다 내 것으로 만들 수는 없다. 시간적으로도 어려운 일이지만, 그보다는 그들의 공부법이 다 나에게 적합한 것은 아니기 때문이다. 다시 말하면 나의 두뇌에 맞지 않는 것이다. 그러므로 앞에서 살펴본 공부법 가운데 나의 두뇌 유형에 맞는 공부법을 선택해야 공부의 효율을 높일 수 있다.

그렇다면 나의 공부 유형은 어떻게 알 수 있을까? 수많은 자기

계발서와 학습 전문가들이 나름의 방법으로 공부 유형을 나누어왔다. 그러나 대부분 성격 유형을 응용한 것이거나 경험을 구체화한 것이어서 체계적이지 못한 경우가 많다. 실상 두뇌의 특성을 고려한 분류는 많지 않다. 물론 두뇌의 특성을 고려하려면 너무 복잡하고 어려운 과정을 거쳐야 하기 때문에 실제로 적용하기 어려운 면도 있다.

당신의 공부 유형은 '등산형'인가 '둘레길형'인가

필자는 대치동에서 학습클리닉을 운영하면서 두뇌의 특성에 기반한 공부 유형 분류를 연구해왔고, 실제 상황에 적용해 효과를 검증해왔다. 그 과정을 통해 만들어진 두뇌 유형 분류법과 그에 맞는 학습법을 서울 시내 유명 사립초등학교에서 4~6학년 학생 전체에게 한 학기 동안 수업을 하기도 했다. 지금부터 그 분류법을 바탕으로 성인의 두뇌 유형을 설명하려고 한다. 자신이 어느 유형에 가장 가까운지 가늠해보자.

공부는 머리로 하는 것이다. 그런데 머리는 공부할 때만 쓰는 게 아니라 일상생활을 할 때에도 쓴다. 그러니 오히려 공부할 때가 아닌 놀 때, 그림 그릴 때, 말할 때, 무엇인가 만들 때를 보면 자신의 두뇌가 어떤 공부법에 잘 맞는지 쉽게 판단할 수 있다.

자신의 공부 두뇌 스타일을 두 가지 기준을 갖고 살펴보자. 우선 자신이 전체 그림을 먼저 그린 다음 세부사항으로 들어가는 편인지, 아니면 반대로 여러 가지 세부사항들을 전부 머릿속에 넣고 그 다음에 큰 그림을 완성시켜가는 스타일인지 살펴보자. 이 차이는 두뇌에서 선천적으로 결정되는 편인데, 정보를 처리할 때 순차적으로 하는 데에 더 뛰어난 사람이 있고, 여러 정보를 동시에 처리하는 멀티플레이에 더 적합한 두뇌를 가진 사람도 있다. 이런 차이 자체를 구분하지 못하면 나에게 맞는 학습법을 찾기도 쉽지 않다.

이 차이에 따라 유형을 나누고 이름을 붙여보자면, '등산형'과 '둘레길형'이다. '등산형'은 산꼭대기까지 올라가서 전체 경치 보는 걸 좋아하는 유형이고, '둘레길형'은 길의 이곳저곳을 살펴보며 그 경치 보는 것을 좋아하는 유형이라고 할 수 있다.

자신이 '등산형'인지 '둘레길형'인지 알아보려면 다음 방법을 이용해보자. 이를테면 자신이 본 영화나 미니시리즈를 다른 사람에게 설명해보는 것이다. 아니면 최근에 본 야구경기를 요약해서 이야기해보자. 특히 책을 읽은 후 그것을 누군가에게 이야기하면 그 특성이 더 잘 드러난다. '등산형'은 장황하지 않게 줄거리나 사건의 전개를 설명하는 데 강하다. 이런 유형이 드라마 줄거리를 들려주면 이야기가 어떻게 흘러가는지 확실히 알 수 있다. 반면 '둘레길형'은 초반 혹은 중간의 한 가지 디테일을 묘사하느라 전체적인 흐름을 놓쳐 듣는 사람이 지루함을 느낄 만큼 장황해지는 경향이 있다. 대신 자신이 인상 깊게 본 장면의 디테일을 포착하는 능력은 뛰어난 편이다. '등산형'은 이런 디테일에는 무관심하다.

이런 특성 탓에 '등산형'인 사람은 시험을 보면 80점 정도는 쉽게 받지만 100점은 잘 안 나오는 편이다. 선생님이 만들어내는 디테일한 문제들에 대한 준비는 하지 않기 때문이다. 반면 '둘레길형'은 시험 범위 전체를 훑어보지 못하고 부분만 들이파다가 시험을 보는 경우가 많다. 앞부분을 공부하지 않으면 그다음 진도를 나가지 못하기 때문이다. 그리고 새로운 유형을 보면 응용력이 떨어지는 편이다.

이러한 두뇌 유형이 아주 잘 드러나는 것은 글짓기를 할 때이다. '등산형'은 주제를 명확하게 말하지만 세부적인 내용이나 근거 제시는 잘 못하는 경우가 많고, '둘레길형'은 세부적인 것들은 능숙하게 쓰지만 그것을 엮어서 하나의 주제로 묶는 데는 서툰 경향이 있다.

이렇게 두뇌 유형이 다르다 보니 프레젠테이션을 할 때에도 그 목적에 따라 역량 발휘에 차이가 있을 수밖에 없다. 사람을 설득하거나 감동을 주어야 하는 프레젠테이션에 잘 맞는 사람이 있고, 결산이나 결과 보고를 하는 프레젠테이션에 적합한 사람이 있다.

'등산형'인 사람들은 물건이나 서류를 업무별로 혹은 쓰임새별로 잘 구분해서 묶는다. 따라서 평소에 물건을 어떻게 정리하는지를 보아도 자신의 두뇌 유형을 알 수 있다. '둘레길형'인 사람들은 이렇게 분류하기보다는 모두 모아놓고 필요할 때 하나하나 찾아내

현대인들은 어떻게 공부해야 하는가

쓰는 경향이 더 강하다.

독자들 중에 166쪽에서 궁금증을 참지 못하고 172쪽으로 바로 넘어온 사람은 둘레길형일 가능성이 높다. 잘 모르는 것 혹은 궁금한 것은 지금 바로 확인해야 직성이 풀리는 유형이다.

공부 두뇌 유형 ❶

	주요 특징
등산형	멀티플레이형 두뇌 스타일
	등산할 때 산꼭대기에 올라가서 전체 경치를 보는 것을 좋아하는 유형
	일에 착수할 때 전체적인 구상을 하고 세부계획을 수립한다
	전체적인 주제를 명확하게 파악하는 데 능숙하다
	설득이나 감동을 주는 프레젠테이션에 강하다
둘레길형	스텝 바이 스텝 형의 두뇌 스타일
	등산할 때 길의 이곳저곳을 빠짐없이 살펴보며 주변의 경치를 즐기는 유형
	일을 처리할 때 단계별로 순차적으로 한 가지씩 처리한다
	세부적인 내용이나 디테일한 근거 제시에 강하다
	결산이나 결과 보고를 하는 프레젠테이션에 강하다

이 두 유형의 차이는 다른 면에서도 살펴볼 수 있다. 새로 구입한 컴퓨터나 스마트폰 등 전자기기를 사용하기 전에 사용설명서를 처음부터 끝까지 읽어보는 편인가? 그런 사람일수록 '등산형'에 가

깝다. 어린이의 경우 새로 산 보드게임이나 장난감의 사용설명서를 먼저 읽어보는 타입이라면 '등산형'일 가능성이 높다.

'등산형'인 사람은 자기가 가지고 있는 물건을 누군가에게 이야기할 때 먼저 그 물건이 어떤 종류인지부터 말한다. 그다음에 생김새나 세부적인 기능을 이야기한다. 하지만 모양이나 기능을 디테일하게 전달하지 못하는 경우가 많다. 반면 '둘레길형'인 사람은 세부적인 모양이나 기능을 먼저 전달한다. 그러나 큰 범주에서 이 물건이 어떤 종류인지에 대해서는 관심이 적다.

나의 공부 두뇌 유형 찾기

	주요 특징
등산형	영화나 책을 본 후 다른 사람에게 줄거리나 사건 전개를 간단하고 명확하게 전달하는 편이다
	물건이나 서류를 쓰임새별 혹은 업무 내용별로 잘 구분해서 정리한다
	전자기기 등을 사용할 때 사용설명서부터 끝까지 살펴본다
	계획을 세울 때 전체적인 윤곽을 잡는 데 능하다
둘레길형	영화나 책을 본 후 줄거리보다는 주인공의 성격 혹은 특정 장면을 디테일하게 전달하는 데 능숙하다
	물건이나 서류를 한곳에 모아놓고 필요할 때마다 찾아서 쓴다
	전자기기 등을 사용할 때 사용설명서를 잘 보지 않는다
	계획을 세울 때 세부적인 것부터 정한다

만일 당신이 책을 읽거나 이야기를 들은 다음 그 이야기 속 교훈이나 작가의 의도를 잘 알아차리고 다른 사람에게 잘 전달할 수 있다면 '등산형'이다. 물론 세부 장면에 대한 기억이나 묘사는 둘레길형에 비해 떨어질 수 있다. 반면 세부적인 장면에 대한 기억은 탁월하지만 작가의 의도나 주제를 파악하는 데는 어려움을 느낀다면 '둘레길형'일 확률이 높다.

자신에게 딱 맞는 인문과학자의 공부법 찾기

이제 좀 더 세부적으로 공부 두뇌 유형에 대해 살펴보자. 공부 두뇌는 시각형 학습자, 청각형 학습자, 운동형 학습자 세 가지로 나누어볼 수 있다. 이 구분은 앞서 살펴본 '등산형', '둘레길형'보다는 더 익숙한 용어일 것이다. 뇌인지기능검사를 하다 보면 청각적 자극에 주의력과 정보 처리력이 좋은 사람이 있고, 시각적 자극에 대한 기억력이 높은 사람이 있으며, 미세협응 운동 즉 눈과 손의 협동이 재빠르고 정확하게 이루어지는 사람이 있다. 이 역시 타고난 성향이 가장 크게 영향을 미치지만 성장 환경에도 상당한 영향을 받는다. 요즘에는 어려서부터 책을 많이 읽고 공부를 많이 하기 때문에 시각적 자극에 대한 훈련은 많이 되어 있는 편인데, 그에 반해 다른 능력이 현저히 떨어지는 경우도 많다.

인간의 공부 두뇌 유형은 실생활에서도 파악할 수 있다. 앞서 말했듯이 뇌는 결국 '학습'을 하는 기관이다. 살아가면서 배우는 것은 무엇이든 모두 뇌를 통한다. 그래서 사람들이 새로운 게임을 하거나 놀이를 할 때 어떤 것을 더 좋아하는지, 새로운 내용을 알아야 할 때 청각적인 정보를 먼저 찾는지 시각적인 정보를 먼저 찾는지 살펴보면 두뇌 유형을 파악할 수 있다. 다른 사람이 설명하는 것을 듣고 새로운 것을 배우는 사람은 '청각형 학습자'라고 할 수 있다. 반면에 무언가를 배울 때 동영상을 보거나 글을 보는 것이 편하거나, 남이 하는 것을 보고 시작하는 사람들은 '시각형 학습자'라고 할 수 있다. 그리고 일단 몸으로 직접 경험해보고 나서야 인지하는 사람들은 '운동형 학습자'라고 할 수 있다.

그 외에 대인관계의 양상을 봐도 구분할 수 있다. 청각형 학습자들은 다른 이의 말을 잘 듣고 의사소통에도 능하다. 여가시간에도 혼자 있기보다는 사람들을 만나 대화하는 것을 좋아한다. 그와는 달리 평소에 관찰력이 뛰어나고 한 번 본 사람도 잘 기억한다면 시각형 학습자일 확률이 높다. 운동형 학습자는 여가시간에 활동하기를 좋아하고 운동을 즐기며 손으로 무언가 만드는 걸 좋아한다.

또 스스로에게 '나는 어떻게 학습하는 걸 좋아하지?' 하고 자문해봄으로써 유형을 파악할 수 있다. 누군가의 설명을 들어가면서 학습하는 것을 좋아하는 사람이 있는 반면, 직접 책이나 자료를 보고 모르는 것을 깨우치려는 사람도 있다. 또는 운동이나 악기 연주처럼 스스로 실행해보는 것을 좋아하는 사람도 있다. 시험공부를 할 때도 자기가 공부한 것을 말로 정리하기를 좋아하는 사람이 있고, 글로 쓰거나 그림으로 그려서 보여주기를 좋아하는 사람도 있다. 이는 자신이 청각형 학습자인지 시각형 학습자인지 판단할 수 있는 기준이다.

공부 두뇌 유형 ❷

	주요 특징
청각형 학습자	청각적 자극에 주의집중력이 높고 정보 처리력이 좋다
	학습할 때 다른 사람의 설명을 들으면서 익힌다
	의사소통에 능숙하고 사람들을 만나 대화하는 것을 좋아한다
	공부를 하거나 생각에 잠길 때도 배경음악이 있으면 더 능률적이다
시각형 학습자	시각적 자극에 대한 기억력이 높다
	학습할 때 동영상을 보거나 글을 통해 익힌다
	관찰력이 뛰어나고 혼자서 사색하는 것을 좋아한다
	업무를 할 때 파일별로 정리하고, 공부할 때 색깔펜 활용에 능하다
운동형 학습자	눈과 손의 협응 능력이 뛰어나고 재빠르다
	몸으로 직접 경험해본 후 정확하게 인지한다
	운동을 즐기고 활동적인 성향이 강하다
	책상 앞에 앉아 있을 때보다 자유롭게 움직일 때 생각이 더 잘 떠오른다

그런데 우리나라에서는 현실적으로 중학교만 들어가도 운동형 학습자들이 자신이 선호하는 방법으로 공부하기가 매우 어렵다. 이들은 자신의 특기를 찾아 예체능으로 방향을 잡거나 아니면 시각형과 청각형 중 한 가지를 선택하게 된다.

이렇게 자신의 생활을 관찰하고 특성을 생각해보면 스스로 어떤 두뇌 유형에 가까운지 판단할 수 있고, 이 판단을 바탕으로 적절한 공부법을 선택할 수 있다. 2장에서 소개한 인문과학자 7인의 공부법은 사실 자신의 강점을 키우고 약점을 최소화하는 완벽에 가까운 공부법이라고 할 수 있다. 그래서 이 공부법들 중 하나를 선택할 때에는 자신의 강점과 가장 잘 맞는 것을 선택해서 연습한 후 이를 습관화시키는 것이 바람직하다. 그다음에 자신의 약점을 개선할 수 있는 공부법을 선택해 연습하면 된다.

예를 들어, '등산형'이면서 '시각형'인 사람들은 아인슈타인의 연산사고 공부법에 가장 많이 공감하고 또 더 쉽게 느낄 것이다. 자신의 생각을 그림이나 도표로 잘 나타내는 능력은 시각형 두뇌를 가진 사람에게서 주로 나타난다. '등산-시각형'인 사람은 전체적인 그림을 잘 본다. 전체가 잘 보인다는 것은 부분들의 관계를 파악하기도 쉽다는 뜻이다. 산꼭대기에 올라가서 내려다보면 봉우리 모양이 한눈에 들어오고 어떤 봉우리들이 서로 가까운지 쉽게 파악할 수 있다. 그렇기 때문에 미처 깨닫지 못했던 두 사실 간의 관계도 쉽게 발견할 수 있고, 새로운 해결법도 잘 찾아낼 수 있다.

그에 반해서 파브르처럼 하나하나 놓치지 않고 관찰하는 것은 '둘레길-청각형'의 전형적인 능력이다. 파브르의 경우 관찰에 초점을 맞추면 시각형이라고 생각할 수도 있다. 파브르는 물론 시각적 주의력이 뛰어났을 것으로 보이지만, 자신의 관찰을 글로 풀어낸 점을 생각하면, 그리고 스토리를 훌륭하게 만들어낸 점을 고려하면 그의 유형은 (상대적이지만) 청각형에 더 가까운 것으로 보인다.

다른 인물들의 경우도 생각해보자. 프랭클린 역시 '둘레길-청각형'이다. 자신이 실천할 덕목들을 구분하고 그것들의 우선순위까지 정한 다음 단계별로 성취하는 스타일이기 때문이다. 또한 그의 메모와 노트를 살펴보면 표나 그림보다는 글이 많으며, 자신도 글쓰기를 중요하게 생각하고 연습했다.

일론 머스크는 '등산형'으로 보인다. 만여 권의 책을 읽으면서 원리를 물리학적으로 사고해 근본까지 파고들고, 거기에서 다시 추론하는 방식은 등산형 사고다. 일단 산 정상까지 도달한 후 경치는 내려오면서 보는 유형이다. 또한 자신이 생각한 것과 해결하고 싶은 것을 남에게 설명하거나 글로 남기는 청각형이라기보다는 실제적으로 만들어내서 보여주는 것으로 보아 '시각형'일 가능성이 높다.

율곡 이이는 세상의 이치든 사람 공부든 학문이든 공부의 근본이 되는 태도를 중시했기에 '등산형'의 사고방식을 가진 것으로 추정된다. 칸트는 장기간의 계획을 세운 점이 무척 인상적이다. 이렇게 장기 계획을 세세하게 세울 수 있는 사람은 대개 큰 그림을 잘

본다. 그는 다른 위인들처럼 세부계획, 즉 오늘 하루를 충실히 사는 실천력을 지니고 있으면서도 '등산형', 즉 큰 그림형의 성향도 가졌다. 그리고 저서나 강의를 즐긴 행적 등으로 미루어 '청각형'에 가까운 것으로 볼 수 있다.

정약용은 인지 능력의 활용에 있어서 천재적인 능력을 보여주었다. 실학자로서 많은 기계를 발명하고 설계도를 그렸던 점으로 보아 '둘레길-시각형' 두뇌의 소유자가 아니었을까 생각해본다.

인문과학자 7인의 공부 두뇌 유형

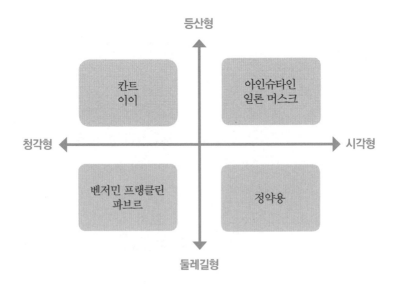

현대인들은 어떻게 공부해야 하는가

이렇게 인문과학자들의 생각과 행동으로 두뇌 유형을 파악하다 보면, 역사에 길이 남을 업적을 이룬 이들은 자신에게 맞는 공부법을 갖고 있을 뿐 아니라, 부족한 부분을 보완하는 노력도 남달랐다는 점을 깨닫게 된다. 현재를 사는 우리도 스스로를 먼저 알고 자신에게 잘 맞는 공부법을 찾는 게 우선이다. 그러고 나서 부족한 점을 보완할 수 있는 방법도 습득하도록 부단히 노력해야 할 것이다.

처음에는 자신이 선호하는 공부법을 습관화하고(단, 자신이 좋아한다고 처음부터 잘할 수 있다는 착각은 금물이다. 우리 뇌에는 입시와 경쟁으로 인한 나쁜 습관이 많이 남아 있음을 잊지 말아야 한다), 그다음에는 자신이 가장 실천하기 어렵다고 생각되는 학습법을 선택해 자신의 것으로 만들어보자. 이런 과정을 지속적으로 반복하다 보면 어느새 당신은 프랭클린의 실천전략 공부법도, 칸트의 사고전환 공부법도, 일론 머스크의 원리추론 공부법도 아닌 당신만의 공부법을 장착하게 될 것이다.

공부는 어떻게
계속해나갈 수 있는가

성인들에게는 '공부법에 대한 공부'가 필요하다.
가장 먼저 자신의 두뇌 유형과 잘 맞는 공부법을 찾아야 한다.
지금까지 자신이 편하게 생각하는 방법으로만
공부해온 건 아닌지 돌아봐야 한다.

대학생이 되면 중고등학교 때처럼 엄마, 학교, 학원 선생님이 공부하라고 닦달하지 않는다. 이때부터 진정한 '자기주도 학습'을 해야한다. 어찌 보면 본격적인 공부가 시작되는 셈이고, 따라서 더 어려워진다고 볼 수 있다. 게다가 대학을 졸업한 성인에게 공부란 더더욱 쉬운 일이 아니다. 공부의 목표 설정 자체도 쉽지 않고, 학창시절에 공부하던 방식대로 하기도 어려우며, 공부를 한다고 해도 좋은 결과를 얻는다고 장담할 수 없다.

그래서 성인들에게는 '공부법에 대한 공부'가 필요한 것이다. 그래서 앞서 동서고금을 불문하고 인류에 큰 영향을 미친 인문과학자들은 어떻게 공부했는지 살펴보았다. 아울러 나에게 맞는 공부법을 찾는 방법도 구체적으로 알아보았다. 그러나 방법을 알았다고 해서 바로 실천하고 습관화할 수 있는 것은 아니다. 가장 중요한 것은 어떻게 하면 계속 실천해나갈 수 있는가 하는 점이다.

공부하는 사람은 무엇으로 공부하는가

나에게 잘 맞는 공부법을 습관화하려면 '공부하는 사람은 무엇으로 공부하는가?'라는 질문에 대한 답부터 찾아야 한다. 톨스토이의 소설 『사람은 무엇으로 사는가?』를 패러디한 것인데, 두 질문의 답은 놀라울 정도로 일치한다.

이 소설 속 미하일은 하느님에게 벌을 받아 세상에 온 천사다. 그는 '세 가지 질문'에 대한 답을 얻어야만 다시 하늘로 돌아갈 수 있다. 첫 번째 질문은 '사람의 마음속엔 무엇이 있는가'이다. 소설 속의 답은 '사랑'이다. 보편적으로 사람의 마음속에는 '사랑'이 존재한다는 것이다. 그렇다면 공부하는 사람의 마음속엔 무엇이 있을까? 그것은 '공부를 잘하고 싶은 마음'이다. 성인이 되어서도 공부를 하겠다고 마음먹었다면 그의 마음속에는 공부를 잘하고 싶다는 마음이 자리 잡고 있다. 그런 마음이 없이 시작했다면 그것은 공부를 하기로 결심한 게 아니라 흉내만 내는 '자기기만'이다. 공부를 해야겠다고 마음을 먹는 동기는 학점, 취업이나 승진 등 다양할 수

현대인들은 어떻게 공부해야 하는가

있다. 그 동기가 분명한 만큼 마음속에는 잘하고 싶다는 마음이 분명하게 있을 것이다.

공부를 하면서 잘하기를 원하지 않는 사람은 없다. 학습클리닉을 10년 넘게 운영하면서 만난 학생들은 대부분 '공부를 안 해서' 날 찾아왔지만, 그들의 마음속에도 '공부를 잘하고 싶은 마음'은 있었다. 다만 그 마음을 충족시키기 위해 노력할 것인가 말 것인가 하는 선택에 따라 공부를 더 열심히 하기도 하고 반대로 포기하기도 할 뿐이다.

소설 속 두 번째 질문에 대한 답은 구두 수선 일을 하면서 얻게 된다. 자신을 구해준 시몬의 구둣가게에서 일하던 어느 날, 한 귀족이 1년 동안 신을 가죽장화를 주문한다. 튼튼하게 만들지 않으면 잡아가겠다고 으름장을 놓는데, 미하일은 장화 대신 슬리퍼를 만든다. 시몬은 미하일에게 어쩌자고 이렇게 멍청한 짓을 했느냐고 다그치지만 미하일은 동요하지 않는다. 곧 귀족의 하인이 찾아와 주인어른이 돌아가던 중 마차에서 죽었으니 수의로 신길 슬리퍼를 만들어달라고 한다. 이 과정에서 미하일은 두 번째 질문인 '사람에게 허락되지 않은 것은 무엇인가?'에 대한 답을 찾는다. 즉, 사람은 자신에게 필요한 것이 무엇인지 알지 못한다는 것이다.

그렇다면 공부하는 사람이 알지 못하는 것은 무엇일까? 바로 '자신에게 맞는 공부 방법'이다. 학생 때는 공부 잘하는 친구나 선배의 공부법을 따라하기도 하고, 소위 '공신'들의 공부법도 따라해

보지만 정작 자신의 두뇌에 맞는 방법은 모르는 경우가 많다. 대학생이 된 후에도 자신에게 맞는 공부법이 무엇인지 고민하는 사람은 거의 없다. 그래서 공부는 늘 어렵고 지루하고 머리 좋은 사람이나 하는 것으로 치부되는 것이다.

세 번째 질문은 '사람은 결국 무엇으로 사는가?'이고, 그 답은 첫 번째 질문과 연관 있는 '사랑으로 산다'이다. 그렇다면 '공부하는 사람은 무엇으로 공부하는가?'에 대한 답은 무엇일까? 바로 '나는 공부를 잘한다'는 생각으로 계속 공부하게 된다. 이것을 자신감이라고 표현할 수도 있겠고, '자기 효능감'이라고 할 수도 있다. 공부하는 사람의 마음속에 있는 생각, 즉 공부를 잘하고 싶다는 마음이 실현된다고 생각할수록 공부는 더 하고 싶어진다.

《하버드비즈니스리뷰》에서 흥미로운 연구 결과를 실은 적이 있다. 미국의 직장인들에게 '언제 가장 업무 동기가 높아지느냐?'고 물었다. 그 질문에 대한 답 중 가장 높은 비중을 차지한 것은 '엄청난 보너스'도 '동료들과의 유대'도 아니었다. 바로 '일이 잘될 때'였다. 공부도 일처럼 잘될 때 가장 하고 싶어진다.

공부를 계속하기 위한 세 가지 질문

이 세 가지 질문을 어떻게 활용해야 공부를 계속하는 데 도움이 될까? 우선 '나는 공부를 잘하고 싶어 한다'는 마음을 분명히 기억하자. 공부를 하고 싶고, 잘하고 싶은 마음이 있음에도 불구하고 공부를 미룬다는 것을 인지해야 한다. 사람은 자기가 원하는 것을 이루지 못할 때 좌절하고 자존심에 상처를 입는다. 이는 불쾌하고 불편한 감정이다. 우리 무의식은 이런 불쾌한 감정을 피하려고 오늘은 일단 미루고 핑계를 찾는다. 혹은 더 합리적인 이유를 대면서 포기하려고 할 수도 있다. '내일부터 하지 뭐', '다음 달부터 하자', '굳이 공부를 계속해야 할까'라고 생각하고 있다면 스스로에게 이렇게 말해야 한다. "공부가 잘 안 되니까 미루게만 되는구나. 잘할 수 있는 방법을 찾아야겠어!"라고 말이다.

그런데 공부를 이렇게 계속 미루면 결과가 더 나빠지고 자신에게 더 실망해서 공부에 대한 자신감, 자신에 대한 믿음 모두 다 없어져버린다. 그래서 스스로를 비난하게 되는 순간에 해야 하는 말이 바로 "나는 공부하는 것을 좋아하고 잘하길 원해!"이다. 공부를 잘하고 싶어 하는 열망이 있다는 것을 아는 것만으로도 자포자기나 무조건적인 자기합리화에서 벗어날 수 있다.

물론 이것은 자신의 감정을 조절하는 능력과 밀접하게 관련이 있다. 자신이 역경을 극복해왔고 그에 대해 믿음이 있는 사람은 이런 식의 감정 조절을 수월하게 한다. 그러나 그런 경험과 자신감이 부족한 사람은 현실에 쉽게 무릎을 꿇을 수 있다. 만일 스스로 좌절이나 역경에 약하다고 생각한다면, 자신이 하려고 했던 것보다 조금 양을 줄이거나 목표를 낮춰서 다시 시도해보자. 작은 성취의 경험들이 역경을 극복할 수 있는 힘이 되어주기 때문이다.

그리고 '내게 필요한 것이 무엇인지' 알려면 자신에게 맞는 공부법을 찾는 노력을 해야 한다. 무턱대고 마음에 드는 방법으로 한다면 그만큼 실패할 확률이 높다. 최근 소아청소년 정신과에 찾아와서 "지금 우리 아이에게 적절한 공부는 무엇인지 알아보려면 어떻게 하는 것이 좋을까요?" 하고 묻는 학부모들이 많아지고 있다. 이를 가장 정확히 알 수 있는 방법은, 신뢰할 수 있는 전문기관에서 지능검사나 신경인지기능검사, 주의력검사 등을 받아보는 것이다. 하지만 그 전에 몇 가지를 잘 살펴본다면 각자의 두뇌 유형을 짐작할 수 있다. 앞에서 소개한 두 가지 기준을 가지고 네 가지 유형으로 나누어본다면(등산-청각형, 등산-시각형, 둘레길-청각형, 둘레길-시각형) 나에게 필요한 것이 무엇인지 좀 더 정확하고 구체적으로 알 수 있다.

공부는 '공부가 잘된다'는 마음으로 하는 것이다. 자신에게 맞는 방법으로 꾸준히 시도하는 과정에서 시행착오를 바탕으로 효율을 높이다 보면 '공부가 잘된다'는 생각은 더욱 강해진다. 무조건 열성적으로 오래 앉아서 공부하려고만 하지 말고, 먼저 어떤 방법으로 하겠다는 전략부터 세우고, 그 전략의 목표를 설정하자. 2장에서 살펴본 공부법 중에서 한 가지만이라도 택해 그것을 습득하고 적용하겠다는 작은 목표를 함께 세우는 것이 좋다. 그것이 성공의 느낌을 자주 갖게 하고 공부가 잘된다는 마음을 유지할 수 있게 해주기 때문이다.

내게 맞는 공부법이란, 자기주도적 학습의 핵심이다. 그런데 이런 공부법은 하루아침에 실천할 수 있는 게 아니다. 꾸준한 반복과 습관에 의해서 완성되는 것인데, 문제는 자신의 두뇌 유형을 고려하지 않고 그저 되는대로 본인이 편하게 생각하는 방법으로 공부를 해왔다는 것이다. 지금부터라도 자신의 두뇌 유형을 파악하고 그것에 맞는 공부법이 무엇인지 찾아서 공부하는 습관을 들여보자.